Saveurs de l'Inde 2023

La cuisine indienne à votre portée

Neha Sharma

Table des matières

Aubergines farcies 18
    Ingrédients 18
    Méthode 18
Sarson ka Saag 19
    Ingrédients 19
    Méthode 20
Soufflé aux carrottes 21
    Ingrédients 21
    Méthode 22
Pomme de terre tandoori 23
    Ingrédients 23
    Méthode 23
curry de maïs 25
    Ingrédients 25
    Méthode 26
Poivre Masala vert 27
    Ingrédients 27
    Méthode 28
gourde sans huile 29
    Ingrédients 29
    Méthode 29
gombo au yaourt 30
    Ingrédients 30

- Méthode 31
- Karela sauté 32
  - Ingrédients 32
  - Méthode 33
- chou aux petits pois 34
  - Ingrédients 34
  - Méthode 34
- Pommes de terre à la sauce tomate 35
  - Ingrédients 35
  - Méthode 35
- Tuer Palak 36
  - Ingrédients 36
  - Méthode 37
- chou masala 38
  - Ingrédients 38
  - Méthode 39
- curry brinjal 40
  - Ingrédients 40
  - Méthode 41
- Simla Mirch ka Bharta 42
  - Ingrédients 42
  - Méthode 43
- Curry de gourde rapide 44
  - Ingrédients 44
  - Méthode 44
- Curry Kaala Chana 45
  - Ingrédients 45

Méthode	46
Kalina	47
Ingrédients	47
Méthode	48
Chou-fleur tandoori	49
Ingrédients	49
Méthode	49
Kaala chana épicé	50
Ingrédients	50
Méthode	51
Tour Dal Kofta	52
Ingrédients	52
Méthode	52
Chou-fleur Shahi	53
Ingrédients	53
Méthode	54
Okra Gojju	55
Ingrédients	55
Méthode	55
ignames à la sauce verte	56
Ingrédients	56
Pour la sauce:	56
Méthode	57
Simla Mirch ki Sabzi	58
Ingrédients	58
Méthode	59
curry de chou-fleur	60

- Ingrédients 60
- Méthode 61
- Haaq 62
  - Ingrédients 62
  - Méthode 63
- chou-fleur séché 64
  - Ingrédients 64
  - Méthode 64
- korma de légumes 65
  - Ingrédients 65
  - Méthode 66
- Aubergine frite 67
  - Ingrédients 67
  - Pour la marinade : 67
  - Méthode 67
- curry de tomates rouges 68
  - Ingrédients 68
  - Méthode 69
- Curry Aloo Kill 70
  - Ingrédients 70
  - Méthode 71
- Badshahi Baingan 72
  - Ingrédients 72
  - Méthode 73
- Pommes de terre au Garam Masala 74
  - Ingrédients 74
  - Méthode 74

Korma tamoul 75
    Ingrédients 75
    Pour le mélange d'épices : 75
    Méthode 76

Aubergine séchée avec oignon et pomme de terre 77
    Ingrédients 77
    Méthode 77

Koftas Lajawab 79
    Ingrédients 79
    Pour les kefta : 79
    Méthode 80

Teekha Baingan Masala 81
    Ingrédients 81
    Méthode 81

kefta aux légumes 82
    Ingrédients 82
    Méthode 83

courge sèche 84
    Ingrédients 84
    Méthode 84

Légumes mélangés au fenugrec 85
    Ingrédients 85
    Méthode 86

Dum Gobhi 87
    Ingrédients 87
    Méthode 87

Chhole 88

Ingrédients 88

Méthode 89

Curry d'aubergines aux oignons et pommes de terre 91

Ingrédients 91

Méthode 92

gourde nature 93

Ingrédients 93

Méthode 93

Curry de Légumes Mixtes 94

Ingrédients 94

Méthode 95

Légumes mélangés séchés 96

Ingrédients 96

Méthode 97

pommes de terre et pois secs 98

Ingrédients 98

Méthode 98

Dhokar Dhalna 99

Ingrédients 99

Méthode 100

Frites épicées 101

Ingrédients 101

Méthode 101

Citrouille avec gramme bouilli 102

Ingrédients 102

Méthode 103

Dum Aloo 104

Ingrédients 104

Pour les pâtes : 104

Méthode 105

makkhanwala aux légumes 106

Ingrédients 106

Méthode 107

Haricots verts au mung dhal 108

Ingrédients 108

Méthode 108

Pomme de terre épicée avec sauce au yogourt 109

Ingrédients 109

Méthode 110

Poivron vert farci 111

Ingrédients 111

Méthode 112

Doi Phulkopi Aloo 113

Ingrédients 113

Méthode 114

Poivre Vert au Besan 115

Ingrédients 115

Méthode 115

Aubergine aux petits pois 117

Ingrédients 117

Méthode 118

Bandakopir Ghonto 119

Ingrédients 119

Méthode 120

- Murgh Bagan-e-Bahar 121
  - Ingrédients 121
  - Méthode 122
- poulet au beurre 123
  - Ingrédients 123
  - Méthode 124
- poulet sukha 125
  - Ingrédients 125
  - Méthode 126
- poulet rôti à l'indienne 127
  - Ingrédients 127
  - Méthode 128
- brouillage épicé 129
  - Ingrédients 129
  - Méthode 129
- Cari de poulet à la noix de coco séchée 131
  - Ingrédients 131
  - Méthode 132
- poulet nature 133
  - Ingrédients 133
  - Méthode 134
- curry de poulet du sud 135
  - Ingrédients 135
  - Pour l'assaisonnement : 136
  - Méthode 136
- Ragoût de poulet au lait de coco 137
  - Ingrédients 137

Méthode 138
Chandi Tikka 139
   Ingrédients 139
   Méthode 140
poulet tandoori 141
   Ingrédients 141
   Méthode 142
Murgh Lajawab 143
   Ingrédients 143
   Méthode 144
Poulet Lahori 145
   Ingrédients 145
   Méthode 146
Foie de poulet 147
   Ingrédients 147
   Méthode 147
poulet balti 148
   Ingrédients 148
   Méthode 149
Poulet épicé 150
   Ingrédients 150
   Méthode 151
Poulet Dilruba 152
   Ingrédients 152
   Méthode 153
ailes de poulet frites 154
   Ingrédients 154

- Méthode 154
- murgh moussalam 155
  - Ingrédients 155
  - Méthode 156
- délice de poulet 157
  - Ingrédients 157
  - Méthode 158
- poulet sali 159
  - Ingrédients 159
  - Méthode 160
- poulet frit tikka 161
  - Ingrédients 161
  - Méthode 162
- Poulet Seekh 163
  - Ingrédients 163
  - Méthode 163
- Nadan Kozhikari 164
  - Ingrédients 164
  - Méthode 165
- le poulet de maman 166
  - Ingrédients 166
  - Méthode 167
- Poulet Méthi 168
  - Ingrédients 168
  - Méthode 169
- Cuisses de poulet épicées 170
  - Ingrédients 170

- Pour le mélange d'épices : 170
- Méthode 171
- Poulet au curry de Dieter 172
  - Ingrédients 172
  - Méthode 173
- poulet céleste 174
  - Ingrédients 174
  - Pour le mélange d'épices : 174
  - Méthode 175
- Poulet Rizala 176
  - Ingrédients 176
  - Méthode 177
- poulet surprise 178
  - Ingrédients 178
  - Méthode 179
- Poulet au fromage 180
  - Ingrédients 180
  - Pour la marinade : 180
  - Méthode 181
- Boeuf Korma 182
  - Ingrédients 182
  - Pour le mélange d'épices : 182
  - Méthode 183
- Dhal Kheema 184
  - Ingrédients 184
  - Pour le mélange d'épices : 185
  - Méthode 185

Curry de Porc 187
    Ingrédients 187
    Pour le mélange d'épices : 187
    Méthode 188

Shikampoore Kebab 189
    Ingrédients 189
    Méthode 190

agneau spécial 192
    Ingrédients 192
    Pour le mélange d'épices : 192
    Méthode 193

Escalopes Masala vertes 194
    Ingrédients 194
    Pour le mélange d'épices : 194
    Méthode 195

kebab en couches 196
    Ingrédients 196
    Pour la couche blanche : 196
    Pour la couche verte : 196
    Pour la couche orange : 197
    Pour la couche de viande : 197
    Méthode 197

Champ Barrah 199
    Ingrédients 199
    Méthode 200

agneau mariné 201
    Ingrédients 201

- Méthode 202
- Curry d'agneau de Goa 203
  - Ingrédients 203
  - Pour le mélange d'épices : 203
  - Méthode 204
- viande de bagara 205
  - Ingrédients 205
  - Pour le mélange d'épices : 205
  - Méthode 206
- Foie au lait de coco 207
  - Ingrédients 207
  - Pour le mélange d'épices : 207
  - Méthode 208
- Agneau Masala au Yaourt 209
  - Ingrédients 209
  - Pour le mélange d'épices : 209
  - Méthode 210
- Korma à Khada Masala 211
  - Ingrédients 211
  - Méthode 212
- Curry d'agneau et de rognons 213
  - Ingrédients 213
  - Pour le mélange d'épices : 214
  - Méthode 214
- Gosht Gulfam 216
  - Ingrédients 216
  - Pour la sauce: 216

    Méthode 217

Agneau Do Pyaaza 218

    Ingrédients 218

    Méthode 219

Aubergines farcies

pour 4 personnes

Ingrédients

10 petites aubergines

1 gros oignon, haché finement

3 cuillères à soupe de noix de coco fraîche râpée

1 cuillère à café de cumin moulu

1 cuillère à café de piment en poudre

50 g / 1¾ oz de feuilles de coriandre, hachées

jus de 1 citron

Sel au goût

3 cuillères à soupe d'huile végétale raffinée

Méthode

- Faire une croix avec un couteau à une extrémité de chaque aubergine et couper en laissant l'autre extrémité non coupée. Laisser de côté.

- Mélanger le reste des ingrédients, sauf l'huile. Remplissez ce mélange avec les aubergines coupées.

- Faire chauffer l'huile dans une poêle. Ajouter les aubergines et les faire revenir à feu moyen pendant 3-4 minutes. Couvrir et cuire 10 minutes en retournant délicatement les aubergines de temps en temps. Servir chaud.

Sarson ka Saag

(Moutarde en sauce)

pour 4 personnes

Ingrédients

3 cuillères à soupe d'huile végétale raffinée

100g / 3½ oz de feuilles de moutarde hachées

200g / 7oz épinards finement hachés

3 piments verts, coupés dans le sens de la longueur

1 cm / ½ pouce racine de gingembre, coupée en julienne

2 gousses d'ail écrasées

Sel au goût

250 ml / 8 fl oz d'eau

2 cuillères à soupe de ghee

goutte de beurre

Méthode

- Chauffer l'huile dans une casserole. Ajouter les feuilles de moutarde, les épinards et les piments verts. Faites-les revenir à feu moyen pendant une minute.

- Ajouter le gingembre, l'ail, le sel et l'eau. Bien mélanger. Cuire à feu doux pendant 10 minutes.

- Passer le mélange au mélangeur jusqu'à consistance lisse.

- Transférer dans une casserole et cuire à feu moyen pendant 15 minutes.

- Garnir avec le beurre. Servir chaud.

Soufflé aux carrottes

(Paneer en sauce riche)

   pour 4 personnes

Ingrédients

   4 cuillères à soupe d'huile végétale raffinée

   500g / 1lb 2oz de panir*, Haché

   2 gros oignons, broyés en pâte

   1 cuillère à café de pâte de gingembre

   1 cuillère à café de pâte d'ail

   1 cuillère à café de piment en poudre

   300 g / 10 oz de purée de tomates

   200 g / 7 oz de yaourt, secoué

   250 ml de crème liquide

   Sel au goût

Méthode

- Faire chauffer 1 cuillère à soupe d'huile dans une casserole. Ajouter les morceaux de panir. Faites-les revenir à feu moyen jusqu'à ce qu'ils soient dorés. Égoutter et réserver.

- Ajouter le reste d'huile dans la même poêle. Ajouter les oignons, la pâte de gingembre et la pâte d'ail. Frire une minute. Ajouter le paneer et le reste des ingrédients. Cuire 5 minutes en remuant de temps en temps. Servir chaud.

Pomme de terre tandoori

pour 4 personnes

Ingrédients

16 grosses pommes de terre, épluchées

Huile végétale raffinée pour la friture

3 cuillères à soupe de tomates finement hachées

1 cuillère à soupe de feuilles de coriandre hachées

1 cuillère à café de garam masala

3½ oz / 100g de fromage cheddar râpé

Sel au goût

Jus de 2 citrons

Méthode

- Sortez les pommes de terre. Réserver la pulpe et les parties évidées.

- Faire chauffer l'huile dans une poêle. Ajouter les pommes de terre évidées. Faites-les revenir à feu moyen jusqu'à ce qu'ils soient dorés. Laisser de côté.

- Dans la même huile, ajouter les pommes de terre cueillies et tous les ingrédients restants sauf le jus de citron. Faire revenir à feu doux pendant 5 minutes.

- Remplissez ce mélange à l'intérieur des pommes de terre creuses.

- Cuire les pommes de terre farcies dans un four à 200°C (400°F, Gas Mark 6) pendant 5 minutes.

- Arrosez le jus de citron sur les pommes de terre. Servir chaud.

curry de maïs

pour 4 personnes

Ingrédients

1 grosse pomme de terre, bouillie et écrasée

500g / 1lb 2oz purée de tomates

3 cuillères à soupe d'huile végétale raffinée

8 feuilles de cari

2 cuillères à soupe de bisou*

1 cuillère à café de pâte de gingembre

½ cuillère à café de curcuma

Sel au goût

1 cuillère à café de garam masala

1 cuillère à café de piment en poudre

3 cuillères à café de sucre

250 ml / 8 fl oz d'eau

4 épis de maïs, coupés en 3 morceaux chacun et bouillis

Méthode

- Bien mélanger la purée de pommes de terre avec la purée de tomates. Laisser de côté.

- Chauffer l'huile dans une casserole. Ajouter les feuilles de curry. Laissez-les croustiller pendant 10 secondes. Ajouter le besan et la pâte de gingembre. Frire à feu doux jusqu'à coloration dorée.

- Ajouter le mélange de pommes de terre et de tomates et tous les autres ingrédients sauf le maïs. Cuire à feu doux pendant 3-4 minutes.

- Ajouter les morceaux de maïs. Bien mélanger. Cuire à feu doux pendant 8 à 10 minutes. Servir chaud.

Poivre Masala vert

pour 4 personnes

Ingrédients

1½ cuillère à soupe d'huile végétale raffinée

1 cuillère à café de garam masala

¼ cuillère à café de curcuma

½ cuillère à café de pâte de gingembre

½ cuillère à café de pâte d'ail

1 gros oignon, haché finement

1 tomate, hachée finement

4 gros poivrons verts, coupés en julienne

125g / 4½oz de yaourt

Sel au goût

Méthode

- Chauffer l'huile dans une casserole. Ajouter le garam masala, le curcuma, la pâte de gingembre et la pâte d'ail. Faire revenir ce mélange à feu moyen pendant 2 minutes.

- Ajouter l'oignon. Frire jusqu'à ce qu'il soit translucide.

- Ajouter la tomate et les poivrons verts. Frire pendant 2-3 minutes. Ajouter le yaourt et le sel. Bien mélanger. Cuire 6-7 minutes. Servir chaud.

gourde sans huile

pour 4 personnes

Ingrédients

500g/1lb 2oz gourde*, pelé et haché

2 tomates, hachées finement

1 gros oignon, haché finement

1 cuillère à café de pâte de gingembre

1 cuillère à café de pâte d'ail

2 piments verts hachés finement

½ cuillère à café de coriandre moulue

½ cuillère à café de cumin moulu

25 g / quelques feuilles de coriandre de 1 oz, hachées finement

120 ml / 4 fl oz d'eau

Sel au goût

Méthode

- mélangez tous les ingrédients ensemble. Cuire dans une casserole à feu doux pendant 20 minutes. Servir chaud.

gombo au yaourt

pour 4 personnes

Ingrédients

3 cuillères à soupe d'huile végétale raffinée

½ cuillère à café de graines de cumin

500 g / 1 livre 2 oz de gombo, haché

½ cuillère à café de piment en poudre

¼ cuillère à café de curcuma

2 piments verts, coupés dans le sens de la longueur

1 cuillère à café de gingembre en julienne

200g / 7oz de yaourt

1 cuillère à café de besan*, dissous dans 1 cuillère à soupe d'eau

Sel au goût

1 cuillère à soupe de feuilles de coriandre finement hachées

Méthode

- Chauffer l'huile dans une casserole. Ajouter les graines de cumin. Laissez-les grésiller pendant 15 secondes.

- Ajouter le gombo, la poudre de piment, le curcuma, les piments verts et le gingembre.

- Cuire à feu doux pendant 20 minutes en remuant de temps en temps.

- Ajouter le yaourt, le mélange de besan et le sel. Cuire pendant 5 minutes.

- Garnir le gombo avec les feuilles de coriandre. Servir chaud.

Karela sauté

(Courge amère sautée)

pour 4 personnes

Ingrédients

4 courges amères de taille moyenne*

Sel au goût

1½ cuillère à soupe d'huile végétale raffinée

½ cuillère à café de graines de moutarde

½ cuillère à café de curcuma

½ cuillère à café de pâte de gingembre

½ cuillère à café de pâte d'ail

2 gros oignons, hachés finement

½ cuillère à café de piment en poudre

¾ cuillère à café de cassonade*, râpé

Méthode

- Pelez les courges amères et coupez-les en deux, dans le sens de la longueur. Jeter les graines et trancher finement chaque moitié. Ajouter le sel et laisser reposer 20 minutes. Pressez l'eau. Mettez de nouveau de côté.
- Chauffer l'huile dans une casserole. Ajouter les graines de moutarde. Laissez-les grésiller pendant 15 secondes.
- Ajouter le reste des ingrédients et les faire revenir à feu moyen pendant 2-3 minutes. Ajouter la courge amère. Bien mélanger. Cuire 5 minutes à feu doux. Servir chaud.

chou aux petits pois

pour 4 personnes

Ingrédients

1 cuillère à soupe d'huile végétale raffinée

1 cuillère à café de graines de moutarde

2 piments verts, coupés dans le sens de la longueur

¼ cuillère à café de curcuma

400g / 14oz de chou finement râpé

125g / 4½oz petits pois frais

Sel au goût

2 cuillères à soupe de noix de coco râpée

Méthode

- Chauffer l'huile dans une casserole. Ajouter les graines de moutarde et les piments verts. Laissez-les grésiller pendant 15 secondes.
- Ajouter le reste des ingrédients, sauf la noix de coco. Cuire à feu doux pendant 10 minutes.
- Ajouter la noix de coco. Bien mélanger. Servir chaud.

Pommes de terre à la sauce tomate

pour 4 personnes

Ingrédients

2 cuillères à soupe d'huile végétale raffinée

1 cuillère à café de graines de cumin

pincée d'asafoetida

½ cuillère à café de curcuma

4 grosses pommes de terre bouillies et coupées en dés

4 tomates, hachées finement

1 cuillère à café de piment en poudre

Sel au goût

1 cuillère à soupe de feuilles de coriandre hachées

Méthode

- Chauffer l'huile dans une casserole. Ajouter les graines de cumin, l'asafoetida et le curcuma. Laissez-les grésiller pendant 15 secondes.
- Ajouter le reste des ingrédients, sauf les feuilles de coriandre. Bien mélanger. Cuire à feu doux pendant 10 minutes. Garnir avec les feuilles de coriandre. Servir chaud.

Tuer Palak

(Pois et épinards)

pour 4 personnes

Ingrédients

400g / 14oz épinards, cuits à la vapeur et hachés

2 piments verts

4-5 cuillères à soupe d'huile végétale raffinée

1 cuillère à café de graines de cumin

1 pincée d'asafoetida

1 cuillère à café de curcuma

1 gros oignon, haché finement

1 tomate, hachée finement

1 grosse pomme de terre, coupée en cubes

Sel au goût

200g / 7oz petits pois

Méthode

- Broyer les épinards et les piments jusqu'à obtenir une pâte fine. Laisser de côté.
- Chauffer l'huile dans une casserole. Ajouter les graines de cumin, l'asafoetida et le curcuma. Laissez-les grésiller pendant 15 secondes.
- Ajouter l'oignon. Frire à feu moyen jusqu'à ce qu'il soit translucide.
- Ajouter les ingrédients restants. Bien mélanger. Cuire à feu doux pendant 7 à 8 minutes en remuant de temps en temps.
- Ajouter la pâte d'épinards. Cuire à feu doux pendant 5 minutes. Servir chaud.

chou masala

(chou épicé)

pour 4 personnes

Ingrédients

3 cuillères à soupe d'huile végétale raffinée

1 cuillère à café de graines de cumin

¼ cuillère à café de curcuma

1 cuillère à café de pâte d'ail

1 cuillère à café de pâte de gingembre

1 gros oignon, haché finement

1 tomate, hachée finement

½ cuillère à café de piment en poudre

Sel au goût

400 g / 14 oz de chou, haché finement

Méthode

- Chauffer l'huile dans une casserole. Ajouter les graines de cumin et le curcuma. Laissez-les grésiller pendant 15 secondes. Ajouter la pâte d'ail, la pâte de gingembre et l'oignon. Frire à feu moyen pendant 2-3 minutes.
- Ajouter la tomate, la poudre de chili, le sel et le chou. Bien mélanger. Couvrir avec un couvercle et cuire à feu doux pendant 10-15 minutes. Servir chaud.

curry brinjal

pour 4 personnes

Ingrédients

4 piments verts

2,5 cm / 1 pouce de racine de gingembre

50 g / 1¾ oz de feuilles de coriandre, hachées

3 cuillères à soupe d'huile végétale raffinée

1 cuillère à café de mungo dhal*

1 cuillère à café d'urad dhal*

1 cuillère à café de graines de cumin

½ cuillère à café de graines de moutarde

500 g / 1 lb 2 oz de petites aubergines, coupées en morceaux de 5 cm / 2 pouces

½ cuillère à café de curcuma

1 cuillère à café de pâte de tamarin

Sel au goût

250 ml / 8 fl oz d'eau

Méthode

- Moudre les piments verts, le gingembre et les feuilles de coriandre. Laisser de côté.
- Chauffer l'huile dans une casserole. Ajouter le mung dhal, l'urad dhal, les graines de cumin et les graines de moutarde. Laissez-les grésiller pendant 20 secondes.
- Ajouter le reste des ingrédients et la pâte de piment gingembre. Bien mélanger. Couvrir avec un couvercle et laisser mijoter 10 minutes en remuant de temps en temps. Servir chaud.

Simla Mirch ka Bharta

(Piment)

pour 4 personnes

Ingrédients

- 3 poivrons verts moyens
- 3 poivrons rouges moyens
- 3 cuillères à soupe d'huile végétale raffinée
- 2 gros oignons, hachés finement
- 6 gousses d'ail finement hachées
- 2,5 cm / 1 pouce racine de gingembre, haché finement
- ½ cuillère à café de piment en poudre
- ¼ cuillère à café de curcuma
- 2 tomates hachées
- 1 cuillère à café de sel
- 1 cuillère à soupe de feuilles de coriandre hachées

Méthode

- Griller les poivrons verts et rouges pendant 5-6 minutes. Retournez-les fréquemment pour vous assurer qu'ils sont bien torréfiés.
- Épluchez la peau brûlée, retirez les tiges et les graines et coupez les poivrons en petits morceaux. Laisser de côté.
- Chauffer l'huile dans une casserole. Ajouter les oignons, l'ail et le gingembre. Faites-les revenir à feu moyen jusqu'à ce que les oignons soient dorés.
- Ajouter la poudre de chili, le curcuma, les tomates et le sel. Faire revenir le mélange pendant 4-5 minutes.
- Ajouter les poivrons. Bien mélanger. Couvrez avec un couvercle et faites cuire à feu doux pendant 30 minutes.
- Garnir les légumes avec les feuilles de coriandre. Servir chaud.

Curry de gourde rapide

pour 4 personnes

Ingrédients

1 gourde de taille moyenne*, pelé et haché

1 gros oignon, haché finement

60 g / 2 oz de tomates, hachées finement

4-5 gousses d'ail, hachées

1 cuillère à soupe de sauce tomate

1 cuillère à soupe de feuilles de fenugrec séchées

½ cuillère à café de curcuma

¼ cuillère à café de poivre noir fraîchement moulu

2 cuillères à soupe de lait

Sel au goût

1 cuillère à soupe de feuilles de coriandre hachées

Méthode

- Cuire tous les ingrédients, sauf les feuilles de coriandre, dans une casserole à feu moyen pendant 20 minutes en remuant de temps en temps. Couvrir avec un couvercle.
- Remuez bien le mélange. Garnir avec les feuilles de coriandre. Servir chaud.

Curry Kaala Chana

(Curry de pois chiches noirs)

pour 4 personnes

Ingrédients

250g / 9oz de kaala chana*, trempé toute la nuit

pincée de bicarbonate de soude

Sel au goût

1 litre / 1¾ pinte d'eau

1 petit oignon

2,5 cm / 1 pouce de racine de gingembre

1 cuillère à soupe de ghee

1 tomate, coupée en dés

½ cuillère à café de curcuma

½ cuillère à café de piment en poudre

8-10 feuilles de curry

1 cuillère à soupe de pâte de tamarin

Méthode

- Mélanger le chana avec le bicarbonate de soude, le sel et la moitié de l'eau. Cuire dans une casserole à feu moyen pendant 45 minutes. Concassez et réservez.
- Broyer l'oignon et le gingembre jusqu'à obtenir une pâte.
- Faites chauffer le ghee dans une casserole. Ajouter la pâte d'oignon-gingembre et faire revenir jusqu'à ce qu'elle soit dorée.
- Ajouter le mélange de chana et les ingrédients restants. Bien mélanger. Cuire à feu doux pendant 8 à 10 minutes en remuant de temps en temps. Servir chaud.

Kalina

(Légumes Mixtes au Lait)

pour 4 personnes

Ingrédients

750 ml / 1¼ pinte de lait

2 plantains verts, pelés et hachés

Bouteille citrouille 250g / 9oz*, Haché

100g / 3½ oz de chou râpé

2 tomates hachées

1 gros poivron vert, haché

1 cuillère à café de pâte de tamarin

1 cuillère à café de coriandre moulue

1 cuillère à café de cumin moulu

2 cuillères à café de piment en poudre

2 cuillères à café de cassonade*, râpé

100 g / 3½ oz de feuilles de coriandre, finement hachées

2 cuillères à soupe de khoya*

Sel au goût

1 cuillère à soupe de feuilles de coriandre finement hachées

Méthode

- Faire chauffer le lait dans une casserole à feu moyen jusqu'à ce qu'il commence à bouillir. Ajouter le plantain et la gourde. Bien mélanger. Cuire pendant 5 minutes.
- Ajouter le reste des ingrédients, sauf les feuilles de coriandre. Bien mélanger. Cuire à feu doux pendant 8 à 10 minutes en remuant fréquemment.
- Garnir le kalina avec les feuilles de coriandre. Servir chaud.

Chou-fleur tandoori

pour 4 personnes

Ingrédients

1½ cuillère à café de piment en poudre

1½ cuillère à café de garam masala

Jus de 2 citrons

100g / 3½oz de yaourt

sel noir au goût

1 kg de bouquets de chou-fleur

Méthode

- Mélanger tous les ingrédients sauf le chou-fleur. Faire ensuite mariner le chou-fleur avec ce mélange pendant 4 heures.
- Cuire au four préchauffé à 200°C (400°F, Gas Mark 6) pendant 5 à 7 minutes. Servir chaud.

Kaala chana épicé

pour 4 personnes

Ingrédients

500g / 1lb 2oz kaala chana*, trempé toute la nuit

500 ml / 16 fl oz d'eau

Sel au goût

3 cuillères à soupe d'huile végétale raffinée

pincée d'asafoetida

½ cuillère à café de graines de moutarde

1 cuillère à café de graines de cumin

2 dents

1 cm de cannelle

¼ cuillère à café de curcuma

1 cuillère à café de coriandre moulue

1 cuillère à café de cumin moulu

½ cuillère à café de garam masala

1 cuillère à café de pâte de tamarin

1 cuillère à soupe de feuilles de coriandre hachées

Méthode

- Cuire le chana avec l'eau et le sel dans une casserole à feu moyen pendant 20 minutes. Laisser de côté.
- Chauffer l'huile dans une casserole. Ajouter l'asafoetida et les graines de moutarde. Laissez-les grésiller pendant 15 secondes. Ajouter le chana cuit et le reste des ingrédients, sauf les feuilles de coriandre. Cuire à feu doux pendant 10-15 minutes.
- Garnir le kaala chana épicé de feuilles de coriandre. Servir chaud.

Tour Dal Kofta

(Boulettes de viande de Gram rouge fendues)

pour 4 personnes

Ingrédients

600g / 1lb 5oz masoor dhal*, trempé toute la nuit

3 piments verts hachés finement

3 cuillères à soupe de feuilles de coriandre hachées

60g / 2oz de noix de coco râpée

3 cuillères à soupe de graines de cumin

pincée d'asafoetida

Sel au goût

Huile végétale raffinée pour la friture

Méthode

- Lavez et écrasez le dhal en morceaux grossiers. Bien pétrir avec le reste des ingrédients, sauf l'huile, jusqu'à obtenir une pâte lisse. Diviser en boules de la taille d'une noix.
- Chauffer l'huile dans une casserole. Ajouter les boules et faire revenir à feu doux jusqu'à ce qu'elles soient dorées. Égouttez les koftas et servez chaud.

Chou-fleur Shahi

(Chou-fleur riche)

pour 4 personnes

Ingrédients

8 gousses d'ail

2,5 cm / 1 pouce de racine de gingembre

½ cuillère à café de curcuma

2 gros oignons, râpés

4 cuillères à café de graines de pavot

2 cuillères à soupe de ghee

200 g / 7 oz de yaourt, secoué

5 tomates, hachées finement

200 g / 7 oz de pois en conserve

1 cuillère à café de sucre

2 cuillères à soupe de crème fraîche

Sel au goût

250 ml / 8 fl oz d'eau

500 g / 1 lb 2 oz bouquets de chou-fleur, frits

8 petites pommes de terre frites

Méthode

- Broyer l'ail, le gingembre, le curcuma, l'oignon et les graines de pavot en une pâte fine. Laisser de côté.
- Faites chauffer 1 cuillère à soupe de ghee dans une casserole. Ajouter la pâte de pavot. Faire sauter pendant 5 minutes. Ajouter le reste des ingrédients, sauf le chou-fleur et les pommes de terre. Cuire à feu doux pendant 4 minutes.
- Ajouter le chou-fleur et les pommes de terre. Laisser mijoter 15 minutes et servir chaud.

Okra Gojju

(comote de gombo)

pour 4 personnes

Ingrédients

500 g / 1 livre 2 oz de gombo, tranché

Sel au goût

2 cuillères à soupe d'huile végétale raffinée plus un supplément pour la friture

1 cuillère à café de graines de moutarde

pincée d'asafoetida

200g / 7oz de yaourt

250 ml / 8 fl oz d'eau

Méthode

- Mélanger le gombo avec du sel. Faites chauffer l'huile dans une casserole et faites revenir le gombo à feu moyen jusqu'à ce qu'il soit doré. Laisser de côté.
- Faire chauffer 2 cuillères à soupe d'huile. Ajouter la moutarde et l'asafoetida. Laissez-les grésiller pendant 15 secondes. Ajouter le gombo, le yaourt et l'eau. Bien mélanger. Servir chaud.

ignames à la sauce verte

pour 4 personnes

Ingrédients

300g / 10oz d'igname*, en tranches fines

1 cuillère à café de piment en poudre

1 cuillère à café d'amchour*

½ cuillère à café de poivre noir moulu

Sel au goût

Huile végétale raffinée pour la friture

Pour la sauce:

400 g d'épinards hachés

100g / 3½oz de gourde*, râpé

pincée de bicarbonate de soude

3 piments verts

2 cuillères à café de farine de blé entier

Sel au goût

3 cuillères à soupe d'huile végétale raffinée

1 cm / ½ pouce racine de gingembre, coupée en julienne

1 petit oignon finement haché

pincée de cannelle moulue

Pincée de clous de girofle moulus

Méthode

- Mélanger les tranches d'igname avec la poudre de piment, l'amchoor, le poivre et le sel.
- Chauffer l'huile dans une casserole. Ajouter les tranches d'igname. Faites-les revenir à feu moyen jusqu'à ce qu'ils soient dorés. Égoutter et réserver.
- Pour la sauce, mélanger les épinards, la gourde et le bicarbonate de soude. Vapeur (voir<u>techniques de cuisson</u>) le mélange dans un cuiseur vapeur à feu moyen pendant 10 minutes.
- Broyez ce mélange avec les piments verts, la farine et le sel jusqu'à obtenir une pâte semi-lisse. Laisser de côté.
- Chauffer l'huile dans une casserole. Ajouter le gingembre et l'oignon. Faire revenir à feu moyen jusqu'à ce que l'oignon soit doré. Ajouter la cannelle moulue, les clous de girofle moulus et le mélange d'épinards. Bien mélanger. Cuire à feu moyen pendant 8 à 10 minutes en remuant de temps en temps.
- Ajouter l'igname à cette sauce verte. Bien mélanger. Couvrir avec un couvercle et laisser mijoter 4-5 minutes. Servir chaud.

Simla Mirch ki Sabzi

(Poivre vert séché)

pour 4 personnes

Ingrédients

2 cuillères à soupe d'huile végétale raffinée

2 gros oignons, hachés finement

¾ cuillère à café de pâte de gingembre

¾ cuillère à café de pâte d'ail

1 cuillère à café de coriandre moulue

¼ cuillère à café de curcuma

½ cuillère à café de garam masala

½ cuillère à café de piment en poudre

2 tomates, hachées finement

Sel au goût

4 gros poivrons verts, hachés

1 cuillère à soupe de feuilles de coriandre finement hachées

Méthode

- Chauffer l'huile dans une casserole. Ajouter les oignons, la pâte de gingembre et la pâte d'ail. Faire revenir à feu moyen jusqu'à ce que les oignons soient dorés.
- Ajouter tous les ingrédients restants sauf les feuilles de coriandre. Bien mélanger. Faire revenir le mélange à feu doux pendant 10-15 minutes.
- Garnir avec les feuilles de coriandre. Servir chaud.

curry de chou-fleur

pour 4 personnes

Ingrédients

3 cuillères à soupe d'huile végétale raffinée

1 cuillère à café de graines de cumin

¼ cuillère à café de curcuma

1 cuillère à café de pâte de gingembre

1 cuillère à café de coriandre moulue

1 cuillère à café de piment en poudre

200 g / 7 oz de purée de tomates

1 cuillère à café de sucre en poudre

Sel au goût

400 g de bouquets de chou-fleur

120 ml / 4 fl oz d'eau

Méthode

- Chauffer l'huile dans une casserole. Ajouter les graines de cumin. Laissez-les grésiller pendant 15 secondes.
- Ajouter le reste des ingrédients, sauf l'eau. Bien mélanger. Ajouter l'eau. Couvrir avec un couvercle et cuire à feu doux pendant 12 à 15 minutes. Servir chaud

Haaq

(Curry d'épinards)

pour 4 personnes

Ingrédients

1/2 cm de racine de gingembre, coupée en julienne

1 cuillère à café de graines de fenouil, écrasées

2 cuillères à soupe d'huile végétale raffinée

2 piments rouges séchés

¼ cuillère à café d'asafoetida

1 piment vert, coupé dans le sens de la longueur

Sel au goût

400g / 14oz épinards hachés finement

500 ml / 16 fl oz d'eau

Méthode

- Gingembre grillé à sec et graines de fenouil. Laisser de côté.
- Chauffer l'huile dans une casserole. Ajouter les piments rouges, l'asafoetida, les piments verts et le sel. Faire revenir ce mélange à feu moyen pendant 1 minute.
- Ajouter le mélange de gingembre et de graines de fenouil. Frire une minute. Ajouter les épinards et l'eau. Couvrir avec un couvercle et cuire à feu doux pendant 8 à 10 minutes. Servir chaud.

chou-fleur séché

pour 4 personnes

Ingrédients

3 cuillères à soupe d'huile végétale raffinée

1 cuillère à café de graines de cumin

¼ cuillère à café de curcuma

2 piments verts hachés finement

1 cuillère à café de pâte de gingembre

½ cuillère à café de sucre en poudre

400 g de bouquets de chou-fleur

Sel au goût

60ml / 2fl oz d'eau

¼ oz / 10 g de feuilles de coriandre, hachées

Méthode

- Chauffer l'huile dans une casserole. Ajouter les graines de cumin. Laissez-les grésiller pendant 15 secondes.
- Ajouter le curcuma, les piments verts, la pâte de gingembre et le sucre en poudre. Frire à feu moyen pendant une minute. Ajouter le chou-fleur, le sel et l'eau. Bien mélanger. Couvrir avec un couvercle et cuire à feu doux pendant 12 à 15 minutes.
- Garnir avec les feuilles de coriandre. Servir chaud.

korma de légumes

(Légumes mélangés)

pour 4 personnes

Ingrédients

3 cuillères à soupe d'huile végétale raffinée

1 cm de cannelle

2 dents

2 gousses de cardamome verte

2 gros oignons, hachés finement

¼ cuillère à café de curcuma

½ cuillère à café de pâte de gingembre

½ cuillère à café de pâte d'ail

Sel au goût

300 g / 10 oz de légumes mélangés surgelés

250 ml / 8 fl oz d'eau

1 cuillère à café de graines de pavot

Méthode

- Chauffer l'huile dans une casserole. Ajouter la cannelle, les clous de girofle et la cardamome. Laissez-les grésiller pendant 30 secondes.
- Ajouter l'oignon, le curcuma, la pâte de gingembre, la pâte d'ail et le sel. Faites frire le mélange à feu moyen pendant 2-3 minutes en remuant continuellement.
- Ajouter les légumes et l'eau. Bien mélanger. Couvrir avec un couvercle et cuire à feu doux pendant 5 à 6 minutes en remuant de temps en temps.
- Ajouter les graines de pavot. Bien mélanger. Laisser mijoter encore 2 minutes. Servir chaud.

Aubergine frite

pour 4 personnes

Ingrédients

500 g / 1 lb 2 oz d'aubergines, tranchées

4 cuillères à soupe d'huile végétale raffinée

Pour la marinade :

1 cuillère à café de piment en poudre

½ cuillère à café de poivre noir moulu

½ cuillère à café de curcuma

1 cuillère à café d'amchour*

Sel au goût

1 cuillère à soupe de farine de riz

Méthode

- Mélanger les ingrédients de la marinade. Faire mariner les tranches d'aubergines avec ce mélange pendant 10 minutes.
- Faire chauffer l'huile dans une poêle. Ajouter les tranches d'aubergines. Faites-les revenir à feu doux pendant 7 minutes. Retournez les tranches et faites-les frire à nouveau pendant 3 minutes. Servir chaud.

curry de tomates rouges

pour 4 personnes

Ingrédients

1 cuillère à soupe de cacahuètes grillées à sec

1 cuillère à soupe de noix de cajou grillées

4 tomates concassées

1 petit poivron vert, haché

3 cuillères à soupe d'huile végétale raffinée

1 cuillère à café de pâte de gingembre

1 cuillère à café de pâte d'ail

1 gros oignon haché

1½ cuillère à café de garam masala

¼ cuillère à café de curcuma

½ cuillère à café de sucre

Sel au goût

Méthode

- Mélanger les cacahuètes et les noix de cajou et broyer. Laisser de côté.
- Broyer les tomates et le poivron vert ensemble. Laisser de côté.
- Faire chauffer l'huile dans une poêle. Ajouter la pâte de gingembre et la pâte d'ail. Frire à feu moyen pendant une minute. Ajouter l'oignon, le garam masala, le curcuma, le sucre et le sel. Faites frire le mélange pendant 2-3 minutes.
- Ajouter le mélange cacahuètes-noix de cajou et le mélange tomates-poivrons. Bien mélanger. Couvrir avec un couvercle et laisser mijoter 15 minutes. Servir chaud.

Curry Aloo Kill

(Curry de pommes de terre et petits pois)

pour 4 personnes

Ingrédients

1½ cuillère à soupe d'huile végétale raffinée

1 cuillère à café de graines de cumin

1 gros oignon, haché finement

½ cuillère à café de curcuma

1 cuillère à café de coriandre moulue

1 cuillère à café de cumin moulu

1 cuillère à café de piment en poudre

200 g / 7 oz de purée de tomates

Sel au goût

2 grosses pommes de terre, hachées

400g / 14oz de pois

120 ml / 4 fl oz d'eau

Méthode

- Chauffer l'huile dans une casserole. Ajouter les graines de cumin. Laissez-les grésiller pendant 15 secondes. Ajouter l'oignon. Faites-le frire à feu moyen jusqu'à ce qu'il soit doré.
- Ajouter les ingrédients restants. Cuire à feu doux pendant 15 minutes. Servir chaud.

Badshahi Baingan

(Aubergine à la Real)

pour 4 personnes

Ingrédients

8 petites aubergines

Sel au goût

30g / 1oz de ghee

2 gros oignons, tranchés

1 cuillère à soupe de noix de cajou

1 cuillère à soupe de raisins secs

1 cuillère à café de pâte de gingembre

1 cuillère à café de pâte d'ail

1 cuillère à café de coriandre moulue

1 cuillère à café de garam masala

¼ cuillère à café de curcuma

200g / 7oz de yaourt

1 cuillère à café de feuilles de coriandre hachées

Méthode

- Couper les aubergines en deux dans le sens de la longueur. Frottez-les avec du sel et mettez-les de côté pendant 10 minutes. Essorez l'excès d'humidité et mettez de nouveau de côté.
- Faites chauffer le ghee dans une casserole. Ajouter les oignons, les noix de cajou et les raisins secs. Faites-les revenir à feu moyen jusqu'à ce qu'ils soient dorés. Égoutter et réserver.
- Au même ghee, ajoutez les aubergines et faites-les revenir à feu moyen jusqu'à ce qu'elles soient tendres. Égoutter et réserver.
- Ajouter la pâte de gingembre et la pâte d'ail au même ghee. Frire une minute. Incorporer avec les ingrédients restants. Cuire 7-8 minutes à feu moyen.
- Ajouter les aubergines. Cuire à feu doux pendant 2 minutes. Garnir avec les oignons frits, les noix de cajou et les raisins secs. Servir chaud.

Pommes de terre au Garam Masala

pour 4 personnes

Ingrédients

3 cuillères à soupe d'huile végétale raffinée

1 gros oignon, haché finement

10 gousses d'ail finement hachées

½ cuillère à café de curcuma

1 cuillère à café de garam masala

Sel au goût

3 grosses pommes de terre bouillies et coupées en dés

240ml / 6fl oz d'eau

Méthode

- Chauffer l'huile dans une casserole. Ajoutez l'oignon et l'ail. Frire pendant 2 minutes.
- Ajouter les ingrédients restants et bien mélanger. Servir chaud.

Korma tamoul

(Légumes mélangés à la tamoule)

pour 4 personnes

Ingrédients

4 cuillères à soupe d'huile végétale raffinée

1 cuillère à café de graines de cumin

2 grosses pommes de terre, hachées

2 grosses carottes, hachées

100g / 3½ oz haricots verts, hachés

Sel au goût

Pour le mélange d'épices :

100 g / 3½ oz de noix de coco fraîche, râpée

4 piments verts

100 g / 3½ oz de feuilles de coriandre, hachées

1 cuillère à café de graines de pavot

1 cuillère à café de pâte de gingembre

1 cuillère à café de curcuma

Méthode

- Broyer tous les ingrédients du mélange d'épices en une pâte lisse. Laisser de côté.
- Chauffer l'huile. Ajouter les graines de cumin. Laissez-les grésiller pendant 15 secondes.
- Ajouter le reste des ingrédients et le mélange d'épices moulues. Cuire 15 minutes à feu doux en remuant de temps en temps. Servir chaud.

Aubergine séchée avec oignon et pomme de terre

pour 4 personnes

Ingrédients

3 cuillères à soupe d'huile végétale raffinée

1 cuillère à café de graines de moutarde

300 g / 10 oz d'aubergines, hachées

¼ cuillère à café de curcuma

3 petits oignons, hachés finement

2 grosses pommes de terre bouillies et coupées en dés

1 cuillère à café de piment en poudre

1 cuillère à café d'amchour*

Sel au goût

Méthode

- Chauffer l'huile dans une casserole. Ajouter les graines de moutarde. Laissez-les grésiller pendant 15 secondes.
- Ajouter les aubergines et le curcuma. Faire revenir à feu doux pendant 10 minutes.

- Ajouter les ingrédients restants. Bien mélanger. Couvrir avec un couvercle et laisser mijoter 10 minutes. Servir chaud.

Koftas Lajawab

(boulettes de viande au fromage en sauce)

pour 4 personnes

Ingrédients

3 cuillères à soupe d'huile végétale raffinée

3 gros oignons, râpés

2,5 cm / 1 pouce racine de gingembre, moulu

3 tomates, en purée

1 cuillère à café de curcuma

Sel au goût

120 ml / 4 fl oz d'eau

Pour les kefta :

400 g / 14 oz de fromage cheddar, râpé

250g / 9oz semoule de maïs

½ cuillère à café de poivre noir fraîchement moulu

1 cuillère à café de garam masala

Sel au goût

Huile végétale raffinée pour la friture

Méthode

- Mélanger tous les ingrédients du kofta, sauf l'huile, ensemble. Diviser en boules de la taille d'une noix. Chauffer l'huile dans une casserole. Ajouter les koftas. Faites-les revenir à feu moyen jusqu'à ce qu'ils soient dorés. Égoutter et réserver.
- Faire chauffer 3 cuillères à soupe d'huile dans une casserole. Ajouter les oignons et faire revenir jusqu'à ce qu'ils soient dorés.
- Ajouter les ingrédients restants et bien mélanger. Cuire 8 minutes en remuant de temps en temps. Ajouter les koftas à cette sauce et servir chaud.

Teekha Baingan Masala

(aubergine chaude)

pour 4 personnes

Ingrédients

2 cuillères à soupe d'huile végétale raffinée

3 gros oignons, émincés

10 gousses d'ail, écrasées

2,5 cm / 1 pouce racine de gingembre, râpé

1 cuillère à café de pâte de tamarin

2 cuillères à soupe de garam masala

Sel au goût

500 g / 1 lb 2 oz de petites aubergines, hachées

Méthode

- Faire chauffer 2 cuillères à soupe d'huile dans une casserole. Ajouter les oignons. Frire à feu moyen pendant 3 minutes. Ajouter l'ail, le gingembre, le tamarin, le garam masala et le sel. Bien mélanger.
- Ajouter les aubergines. Bien mélanger. Couvrir avec un couvercle et laisser mijoter 15 minutes en remuant de temps en temps. Servir chaud.

kefta aux légumes

(Boulettes de Viande aux Légumes en Sauce Crémeuse)

pour 4 personnes

Ingrédients

6 grosses pommes de terre, pelées et hachées

3 grosses carottes, pelées et hachées

Sel au goût

Farine pour enrobage

2 cuillères à soupe d'huile végétale raffinée plus un supplément pour la friture

3 gros oignons, tranchés finement

4 gousses d'ail finement hachées

2,5 cm / 1 pouce racine de gingembre, haché finement

4 dents, rectifiées

½ cuillère à café de curcuma

2 tomates, en purée

1 cuillère à café de piment en poudre

4 cuillères à soupe de crème fraîche

25 g / à peine 1 oz de feuilles de coriandre, hachées

Méthode

- Faire bouillir les pommes de terre et les carottes dans de l'eau salée pendant 15 minutes. Égoutter et réserver le bouillon. Salez les légumes et écrasez-les.
- Diviser la purée en boules de la taille d'un citron. Enrober de farine et faire frire les koftas dans l'huile à feu moyen jusqu'à ce qu'ils soient dorés. Laisser de côté.
- Faire chauffer 2 cuillères à soupe d'huile dans une casserole. Ajouter l'oignon, l'ail, le gingembre, les clous de girofle et le curcuma. Frire à feu moyen pendant 4-5 minutes. Ajouter les tomates, la poudre de chili et le bouillon de légumes. Cuire à feu doux pendant 4 minutes.
- Ajouter les koftas. Décorer avec la crème et les feuilles de coriandre. Servir chaud.

courge sèche

pour 4 personnes

Ingrédients

3 cuillères à soupe d'huile végétale raffinée

1 cuillère à café de graines de cumin

¼ cuillère à café de curcuma

¾ cuillère à café de coriandre moulue

Sel au goût

750 g / 1 lb de citrouille de 10 oz, hachée

60ml / 2fl oz d'eau

Méthode

- Chauffer l'huile dans une casserole. Ajouter les graines de cumin et le curcuma. Laissez-les grésiller pendant 15 secondes.
- Ajouter les ingrédients restants. Bien mélanger. Couvrir avec un couvercle et laisser mijoter 15 minutes. Servir chaud.

Légumes mélangés au fenugrec

pour 4 personnes

Ingrédients

4-5 cuillères à soupe d'huile végétale raffinée

1 cuillère à café de graines de moutarde

½ cuillère à café de graines de fenugrec

2 gros oignons, hachés finement

2 grosses patates douces, coupées en dés

4 petites aubergines, coupées en dés

2 gros poivrons verts, coupés en dés

3 grosses pommes de terre, coupées en cubes

100g / 3½ oz haricots verts, hachés

½ cuillère à café de curcuma

1 cuillère à café de piment en poudre

2 cuillères à soupe de pâte de tamarin

1 cuillère à soupe de feuilles de coriandre hachées

8-10 feuilles de curry

1 cuillère à café de sucre

Sel au goût

750 ml / 1¼ pinte d'eau

Méthode

- Chauffer l'huile dans une casserole. Ajouter les graines de moutarde et le fenugrec. Laissez-les grésiller pendant 15 secondes. Ajouter les oignons. Frire jusqu'à transparence.
- Ajouter le reste des ingrédients, sauf l'eau. Bien mélanger. Ajouter l'eau. Cuire à feu doux pendant 20 minutes. Servir chaud.

Dum Gobhi

(Chou-fleur mijoté)

pour 4 personnes

Ingrédients

2,5 cm / 1 pouce de racine de gingembre, coupée en julienne

2 tomates, hachées finement

¼ cuillère à café de curcuma

1 cuillère à soupe de yaourt

½ cuillère à café de garam masala

Sel au goût

800 g / 1 ¾ lb de bouquets de chou-fleur

Méthode

- Mélanger tous les ingrédients sauf les bouquets de chou-fleur.
- Mettez les bouquets de chou-fleur dans une casserole et versez ce mélange dessus. Couvrir avec un couvercle et laisser mijoter 20 minutes en remuant de temps en temps. Servir chaud.

Chhole

(Pois chiche au curry)

Pour 5 personnes

Ingrédients

375 g / 13 oz de pois chiches, trempés pendant la nuit

1 litre / 1¾ pinte d'eau

Sel au goût

1 tomate, hachée finement

3 petits oignons, hachés finement

1½ cuillère à soupe de feuilles de coriandre, hachées finement

2 cuillères à soupe d'huile végétale raffinée

1 cuillère à café de graines de cumin

1 cuillère à café de pâte de gingembre

1 cuillère à café de pâte d'ail

2 feuilles de laurier

1 cuillère à café de sucre

1 cuillère à café de piment en poudre

½ cuillère à café de curcuma

1 cuillère à soupe de ghee

4 piments verts, coupés dans le sens de la longueur

½ cuillère à café de cannelle moulue

½ cuillère à café de clous de girofle moulus

jus de 1 citron

Méthode

- Mélanger les pois chiches avec la moitié de l'eau et le sel. Cuire ce mélange dans une casserole à feu moyen pendant 30 minutes. Retirer du feu et égoutter les pois chiches.
- Écrasez 2 cuillères à soupe de pois chiches avec la moitié de la tomate, un oignon et la moitié des feuilles de coriandre en une pâte fine. Laisser de côté.
- Faire chauffer l'huile dans une grande poêle. Ajouter les graines de cumin. Laissez-les grésiller pendant 15 secondes.
- Ajouter les oignons restants, la pâte de gingembre et la pâte d'ail. Faire revenir ce mélange à feu moyen jusqu'à ce que les oignons soient dorés.
- Ajouter la tomate restante avec les feuilles de laurier, le sucre, la poudre de piment, le curcuma et la pâte de garbanzo-tomate. Faire revenir ce mélange à feu moyen pendant 2-3 minutes.
- Ajouter les pois chiches restants avec l'eau restante. Cuire à feu doux pendant 8 à 10 minutes. Laisser de côté.

- Faites chauffer le ghee dans une petite casserole. Ajouter les piments verts, la cannelle moulue et les clous de girofle. Laissez-les grésiller pendant 30 secondes. Verser ce mélange sur les pois chiches. Bien mélanger. Saupoudrer le jus de citron et les feuilles de coriandre restantes sur le dessus du chhole. Servir chaud.

Curry d'aubergines aux oignons et pommes de terre

pour 4 personnes

Ingrédients

3 cuillères à soupe d'huile végétale raffinée

2 gros oignons, hachés finement

1 cuillère à café de pâte de gingembre

1 cuillère à café de pâte d'ail

1 cuillère à café de coriandre moulue

1 cuillère à café de cumin moulu

1 cuillère à café de piment en poudre

¼ cuillère à café de curcuma

120 ml / 4 fl oz d'eau

Sel au goût

250g / 9oz de petites aubergines

250 g / 9 oz de pommes de terre grelots, coupées en deux

50 g / 1¾ oz de feuilles de coriandre, finement hachées

Méthode

- Chauffer l'huile dans une casserole. Ajouter les oignons. Frire jusqu'à ce qu'ils deviennent translucides.
- Ajouter le reste des ingrédients, sauf les feuilles de coriandre. Bien mélanger. Cuire à feu doux pendant 15 minutes.
- Garnir avec les feuilles de coriandre. Servir chaud.

gourde nature

pour 4 personnes

Ingrédients

½ cuillère à soupe de ghee

1 cuillère à café de graines de cumin

2 piments verts, coupés dans le sens de la longueur

750g / 1lb 10oz gourde*, Haché

Sel au goût

120 ml de lait

1 cuillère à soupe de noix de coco râpée

10 g de feuilles de coriandre finement hachées

Méthode

- Faites chauffer le ghee dans une casserole. Ajouter les graines de cumin et les piments verts. Laissez-les grésiller pendant 15 secondes.
- Ajouter la citrouille, le sel et le lait. Cuire à feu doux pendant 10-12 minutes.
- Ajouter les ingrédients restants. Bien mélanger. Servir chaud.

Curry de Légumes Mixtes

pour 4 personnes

Ingrédients

3 cuillères à soupe d'huile végétale raffinée

1 cuillère à café de graines de cumin

1 cuillère à café de coriandre moulue

½ cuillère à café de cumin moulu

1 cuillère à café de piment en poudre

¼ cuillère à café de curcuma

½ cuillère à café de sucre

1 carotte coupée en lanières

1 grosse pomme de terre, coupée en cubes

200 g / 7 oz de haricots verts hachés

50 g de bouquets de chou-fleur

Sel au goût

200 g / 7 oz de purée de tomates

120 ml / 4 fl oz d'eau

10 g de feuilles de coriandre finement hachées

Méthode

- Chauffer l'huile dans une casserole. Ajouter les graines de cumin, la coriandre moulue et le cumin moulu. Laissez-les grésiller pendant 15 secondes.
- Ajouter le reste des ingrédients, sauf les feuilles de coriandre. Bien mélanger. Cuire à feu doux pendant 15 minutes.
- Garnir le curry avec les feuilles de coriandre. Servir chaud.

Légumes mélangés séchés

pour 4 personnes

Ingrédients

3 cuillères à soupe d'huile végétale raffinée

1 cuillère à café de graines de cumin

1 cuillère à café de coriandre moulue

½ cuillère à café de cumin moulu

¼ cuillère à café de curcuma

1 carotte coupée en julienne

1 grosse pomme de terre, coupée en cubes

200 g / 7 oz de haricots verts hachés

60 g de bouquets de chou-fleur

Sel au goût

120 ml / 4 fl oz d'eau

¼ oz / 10 g de feuilles de coriandre, hachées

Méthode

- Chauffer l'huile dans une casserole. Ajouter les graines de cumin. Laissez-les grésiller pendant 15 secondes.
- Ajouter le reste des ingrédients, sauf les feuilles de coriandre. Bien mélanger et cuire 15 minutes à feu doux.
- Garnir de feuilles de coriandre et servir chaud.

pommes de terre et pois secs

pour 4 personnes

Ingrédients

3 cuillères à soupe d'huile végétale raffinée

1 cuillère à café de graines de cumin

½ cuillère à café de curcuma

1 cuillère à café de garam masala

2 grosses pommes de terre bouillies et coupées en dés

400g / 14oz petits pois cuits

Sel au goût

Méthode

- Chauffer l'huile dans une casserole. Ajouter les graines de cumin et le curcuma. Laissez-les grésiller pendant 15 secondes.
- Ajouter les ingrédients restants. Faire sauter à feu moyen pendant 5 minutes. Servir chaud.

Dhokar Dhalna

(Curry de pois chiches du Bengale)

pour 4 personnes

Ingrédients

300 g/10 oz de chana dhal*, trempé toute la nuit

2 cuillères à soupe d'huile de moutarde

1 cuillère à café de graines de cumin

Sel au goût

5 cm / 2 pouces de cannelle

4 gousses de cardamome verte

6 dents

½ cuillère à café de curcuma

½ cuillère à café de sucre

250 ml / 8 fl oz d'eau

3 grosses pommes de terre, coupées en dés et frites

Méthode

- Broyez le chana dhal avec suffisamment d'eau pour former une pâte lisse. Laisser de côté.
- Faire chauffer la moitié de l'huile dans une casserole. Ajouter la moitié des graines de cumin. Laissez-les grésiller pendant 15 secondes. Ajouter la pâte de dhal et le sel. Frire pendant 2-3 minutes. Égoutter et étaler sur une grande assiette et laisser reposer. Couper en morceaux de 2,5 cm / 1 pouce. Laisser de côté.
- Faites frire ces morceaux de dhal dans l'huile restante jusqu'à ce qu'ils soient dorés. Laisser de côté.
- Dans la même huile, ajouter le reste des ingrédients, sauf les pommes de terre. Cuire 2 minutes. Ajouter les pommes de terre et les morceaux de dhal. Bien mélanger. Cuire à feu doux pendant 4-5 minutes. Servir chaud.

Frites épicées

pour 4 personnes

Ingrédients

250 ml / 8 fl oz d'huile végétale raffinée

3 grosses pommes de terre, coupées en fines lanières

½ cuillère à café de piment en poudre

1 cuillère à café de poivre noir fraîchement moulu

Sel au goût

Méthode

- Chauffer l'huile dans une casserole. Ajouter les lanières de pommes de terre. Faites-les revenir à feu moyen jusqu'à ce qu'ils soient dorés.
- Égoutter et bien mélanger avec le reste des ingrédients. Servir chaud.

Citrouille avec gramme bouilli

pour 4 personnes

Ingrédients

1 cuillère à soupe d'huile végétale raffinée

1 cuillère à café de graines de cumin

½ cuillère à café de curcuma

500 g / 1 lb 2 oz de citrouille, coupée en morceaux

125g / 4½oz de kaala chana*, Cuit

1 cuillère à café de coriandre moulue

1 cuillère à café de cumin moulu

1 cuillère à café de piment en poudre

Sel au goût

120 ml / 4 fl oz d'eau

10 g de feuilles de coriandre finement hachées

Méthode

- Chauffer l'huile dans une casserole. Ajouter les graines de cumin et le curcuma. Laissez-les grésiller pendant 15 secondes.
- Ajouter le reste des ingrédients, sauf l'eau et les feuilles de coriandre. Faites frire le mélange à feu moyen pendant 2-3 minutes.
- Ajouter l'eau. Bien mélanger. Couvrir avec un couvercle et laisser mijoter 15 minutes en remuant de temps en temps.
- Garnir avec les feuilles de coriandre. Servir chaud.

Dum Aloo

(Pommes de terre cuites à feu doux)

pour 4 personnes

Ingrédients

1 cuillère à soupe d'huile végétale raffinée

500g / 1lb 2oz pommes de terre grelots, bouillies et pelées

Sel au goût

1 cuillère à café de pâte de tamarin

Pour les pâtes :

½ cuillère à café de piment en poudre

¼ cuillère à café de curcuma

¼ cuillère à café de grains de poivre noir

2 cuillères à café de graines de coriandre

1 cardamome noire

2,5 cm / 1 pouce de cannelle

2 dents

6 gousses d'ail

Méthode

- Broyer les ingrédients de la pâte ensemble. Faire chauffer l'huile dans une poêle. Ajouter la pâte. Frire à feu moyen pendant 10 minutes.
- Ajouter les ingrédients restants. Bien mélanger. Cuire pendant 8 minutes. Servir chaud.

makkhanwala aux légumes

(Légumes au Beurre)

pour 4 personnes

Ingrédients

120 ml de crème liquide

½ cuillère à café de farine blanche ordinaire

120 ml de lait

4 cuillères à soupe de sauce tomate

1 cuillère à soupe de beurre

2 gros oignons, hachés finement

500 g / 1 lb 2 oz de légumes mélangés surgelés

1 cuillère à café de garam masala

½ cuillère à café de piment en poudre

Sel au goût

Méthode

- Mélanger la crème, la farine, le lait et le ketchup. Laisser de côté.
- Faire chauffer le beurre dans une casserole. Ajouter les oignons. Faites-les revenir à feu moyen jusqu'à ce qu'ils deviennent translucides.
- Ajouter les légumes, le garam masala, la poudre de piment, le sel et le mélange crème et farine. Bien mélanger. Cuire à feu doux pendant 10-12 minutes. Servir chaud.

Haricots verts au mung dhal

pour 4 personnes

Ingrédients

1 cuillère à soupe d'huile végétale raffinée

1 cuillère à café de graines de moutarde

¼ cuillère à café de curcuma

2 piments verts, coupés dans le sens de la longueur

400g / 14oz haricots verts, hachés

3 cuillères à soupe de mungo dhal*, trempé pendant 30 minutes et égoutté

Sel au goût

120 ml / 4 fl oz d'eau

2 cuillères à soupe de feuilles de coriandre hachées

Méthode

- Chauffer l'huile dans une casserole. Ajouter les graines de moutarde, le curcuma et les piments verts. Laissez-les grésiller pendant 15 secondes.
- Ajouter le reste des ingrédients, sauf l'eau et les feuilles de coriandre. Bien mélanger. Ajouter l'eau. Cuire à feu doux pendant 15 minutes.
- Ajouter les feuilles de coriandre et servir chaud.

Pomme de terre épicée avec sauce au yogourt

pour 4 personnes

Ingrédients

1 cuillère à café de besan*, mélangé avec 4 cuillères à soupe d'eau

200g / 7oz de yaourt

750 g / 1 lb 10 oz de pommes de terre bouillies et coupées en dés

½ cuillère à café de chaat masala*

½ cuillère à café de cumin moulu, rôti à sec

½ cuillère à café de piment en poudre

¼ cuillère à café de curcuma

1 cuillère à soupe d'huile végétale raffinée

1 cuillère à café de graines de sésame blanc

2 piments rouges séchés, coupés en quartiers

Sel au goût

10 g de feuilles de coriandre finement hachées

Méthode

- Battre la pâte de besan avec le yaourt. Laisser de côté.
- Mélanger les pommes de terre avec le chaat masala, le cumin moulu, la poudre de piment et le curcuma. Laisser de côté.
- Chauffer l'huile dans une casserole. Ajouter les graines de sésame et les morceaux de piment. Laissez-les grésiller pendant 15 secondes.
- Ajouter les pommes de terre, le mélange de yogourt et le sel. Bien mélanger. Cuire à feu doux pendant 4-5 minutes. Garnir avec les feuilles de coriandre. Servir chaud.

Poivron vert farci

pour 4 personnes

Ingrédients

4 cuillères à soupe d'huile végétale raffinée

1 gros oignon, émincé

½ cuillère à café de pâte de gingembre

½ cuillère à café de pâte d'ail

1 cuillère à café de garam masala

2 grosses pommes de terre bouillies et écrasées

50g / 1¾oz petits pois bouillis

1 petite carotte, bouillie et hachée

pincée d'asafoetida

Sel au goût

8 petits poivrons verts, évidés

Méthode

- Faire chauffer ½ cuillère à soupe d'huile dans une poêle. Ajouter l'oignon et faire revenir jusqu'à ce qu'il soit transparent.
- Ajouter le reste des ingrédients, sauf les poivrons. Bien mélanger. Frire pendant 3-4 minutes.
- Remplir les poivrons de ce mélange. Laisser de côté.
- Faire chauffer le reste d'huile dans une poêle. Ajouter les poivrons farcis. Faites-les frire à feu doux pendant 7 à 10 minutes en les retournant de temps en temps. Servir chaud.

Doi Phulkopi Aloo

(Chou-fleur et pomme de terre à la bengali dans du yaourt)

pour 4 personnes

Ingrédients

300g / 10oz de yaourt

¼ cuillère à café de curcuma

1 cuillère à café de sucre

Sel au goût

200 g de bouquets de chou-fleur

4 pommes de terre, coupées en dés et légèrement frites

2 cuillères à soupe d'huile de moutarde

5 cm / 2 pouces de cannelle

4 gousses de cardamome verte

6 dents

2 feuilles de laurier

Méthode

- Mélanger le yaourt, le curcuma, le sucre et le sel. Faire mariner le chou-fleur et les pommes de terre avec ce mélange pendant 20 minutes.
- Chauffer l'huile dans une casserole. Faites frire les ingrédients restants pendant 1 à 2 minutes.
- Ajouter les légumes marinés. Cuire à feu doux pendant 6-7 minutes. Servir chaud.

Poivre Vert au Besan

pour 4 personnes

Ingrédients

4 cuillères à soupe d'huile végétale raffinée

½ cuillère à café de graines de moutarde

500 g / 1 lb 2 oz de poivrons verts, évidés et hachés

½ cuillère à café de curcuma

½ cuillère à café de coriandre moulue

½ cuillère à café de cumin moulu

500g / 1lb 2oz baiser*, mélangé avec 120ml / 4fl oz d'eau

1 cuillère à café de sucre

Sel au goût

1 cuillère à soupe de feuilles de coriandre

Méthode

- Chauffer l'huile dans une casserole. Ajouter les graines de moutarde. Laissez-les grésiller pendant 15 secondes.
- Ajouter les poivrons verts, le curcuma, la coriandre moulue et le cumin moulu. Bien mélanger. Couvrir avec un couvercle et laisser mijoter 5 à 7 minutes.

- Ajouter le besan, le sucre et le sel. Remuer jusqu'à ce que le baiser couvre les poivrons. Garnir avec les feuilles de coriandre. Servir chaud.

Aubergine aux petits pois

pour 4 personnes

Ingrédients

2 cuillères à soupe d'huile végétale raffinée

½ cuillère à café de graines de moutarde

pincée d'asafoetida

½ cuillère à café de curcuma

2 gros oignons, hachés finement

2 tomates, hachées finement

1 cuillère à café de sucre

Sel au goût

120 ml / 4 fl oz d'eau

300 g / 10 oz de petites aubergines, hachées

400g / 14oz petits pois frais

25 g / feuilles de coriandre à peine 1 oz

Méthode

- Chauffer l'huile dans une casserole. Ajouter les graines de moutarde, l'asafoetida et le curcuma. Laissez-les grésiller pendant 15 secondes.
- Ajouter les oignons. Frire jusqu'à ce qu'il soit doré. Ajouter les tomates, le sucre, le sel, l'eau, les aubergines et les petits pois. Bien mélanger. Couvrir avec un couvercle. Cuire à feu doux pendant 10 minutes.
- Garnir avec les feuilles de coriandre. Servir chaud.

Bandakopir Ghonto

(Chou bengali aux petits pois)

pour 4 personnes

Ingrédients

- 2 cuillères à soupe d'huile de moutarde
- 1 cuillère à café de graines de cumin
- 4 piments verts hachés
- ½ cuillère à café de curcuma
- 1 cuillère à café de sucre
- 150 g / 5½ oz de chou, tranché finement
- 400g / 14oz petits pois surgelés
- Sel au goût
- ¼ cuillère à café de cannelle moulue
- ¼ cuillère à café de cardamome moulue
- ¼ cuillère à café de clous de girofle moulus

Méthode

- Chauffer l'huile dans une casserole. Ajouter les graines de cumin et les piments verts. Laissez-les grésiller pendant 15 secondes.
- Ajouter le curcuma, le sucre, le chou, les petits pois et le sel. Bien mélanger. Couvrir avec un couvercle et cuire à feu doux pendant 8 à 10 minutes.
- Garnir de cannelle moulue, de cardamome et de clous de girofle. Servir chaud.

Murgh Bagan-e-Bahar

(cuisses de poulet grillées)

pour 4 personnes

Ingrédients

Sel au goût

1½ cuillère à café de pâte de gingembre

1½ cuillères à café de pâte d'ail

1 cuillère à café de garam masala

8 cuisses de poulet

1 oz / 30 g de feuilles de menthe, finement hachées

2 cuillères à soupe de graines de grenade séchées

50g / 1¾oz de yaourt

1 cuillère à café de poivre noir moulu

jus de 1 citron

Chaat Masala*tester

Méthode

- Mélanger le sel, la pâte de gingembre, la pâte d'ail et le garam masala. Faire des incisions dans les pilons et les faire mariner avec ce mélange pendant 1 heure.

- Moudre le reste des ingrédients sauf le chaat masala.

- Mélanger le mélange haché avec le poulet et laisser reposer pendant 4 heures.

- Griller le poulet pendant 30 minutes. Saupoudrer de chaat masala. Assister à.

poulet au beurre

pour 4 personnes

Ingrédients

1 kg / 2¼ lb de poulet, coupé en 12 morceaux

Sel au goût

1 cuillère à café de curcuma

jus de 1 citron

4 cuillères à soupe de beurre

3 gros oignons, hachés finement

1 cuillère à café de pâte de gingembre

1 cuillère à café de pâte d'ail

1 cuillère à soupe de coriandre moulue

4 grosses tomates, en purée

125g / 4½oz de yaourt

Méthode

- Faire mariner le poulet avec le sel, le curcuma et le jus de citron pendant une heure.

- Faire chauffer le beurre dans une casserole. Ajouter les oignons et faire revenir jusqu'à ce qu'ils soient translucides.

- Ajouter la pâte de gingembre, la pâte d'ail et la coriandre moulue. Frire à feu moyen pendant 5 minutes.

- Ajouter le poulet mariné. Frire pendant 5 minutes. Ajouter la purée de tomates et le yaourt. Couvrir avec un couvercle et cuire à feu doux pendant 35 minutes. Servir chaud.

poulet sukha

(poulet séché)

pour 4 personnes

Ingrédients

- 2 cuillères à soupe d'huile végétale raffinée
- 4 gros oignons, hachés finement
- 1 kg / 2¼ lb de poulet, coupé en 12 morceaux
- 4 tomates, hachées finement
- 1 cuillère à café de curcuma
- 2 piments verts, tranchés
- 8 gousses d'ail, écrasées
- 5 cm / 2 pouces racine de gingembre, râpé
- 2 cuillères à soupe de garam masala
- 2 cubes de bouillon de poulet
- Sel au goût
- 50 g / 1¾ oz de feuilles de coriandre, hachées

Méthode

- Chauffer l'huile dans une casserole. Faire revenir les oignons à feu moyen jusqu'à ce qu'ils soient dorés. Ajouter le reste des ingrédients, sauf les feuilles de coriandre.

- Bien mélanger et cuire à feu doux pendant 40 minutes en remuant de temps en temps.

- Garnir avec les feuilles de coriandre. Servir chaud.

poulet rôti à l'indienne

pour 4 personnes

Ingrédients

1 kg de poulet

1 cuillère à soupe de jus de citron

Sel au goût

2 gros oignons

2,5 cm / 1 pouce de racine de gingembre

4 gousses d'ail

3 dents

3 gousses de cardamome verte

5 cm / 2 pouces de cannelle

4 cuillères à soupe d'huile végétale raffinée

200g / 7oz de chapelure

2 pommes hachées

4 œufs durs, hachés

Méthode

- Faire mariner le poulet avec le jus de citron et le sel pendant 1 heure.

- Moudre les oignons, le gingembre, l'ail, les clous de girofle, la cardamome et la cannelle avec suffisamment d'eau pour former une pâte lisse.

- Chauffer l'huile dans une casserole. Ajouter les pâtes et faire revenir à feu doux pendant 7 minutes. Ajouter la chapelure, les pommes et le sel. Cuire 3-4 minutes.

- Farcir le poulet avec ce mélange et faire rôtir au four à 230°C (450°F, Gas Mark 8) pendant 40 minutes. Décorez avec les œufs. Servir chaud.

brouillage épicé

pour 4 personnes

Ingrédients

3 cuillères à soupe d'huile végétale raffinée

750 g / 1 lb 10 oz saucisse de poulet, tranchée

4 poivrons verts, coupés en julienne

1 cuillère à café de piment en poudre

2 cuillères à café de cumin moulu

10 gousses d'ail finement hachées

3 tomates, coupées en quartiers

4 cuillères à soupe d'eau froide

½ cuillère à café de poivre fraîchement moulu

Sel au goût

4 oeufs, légèrement battus

Méthode

- Chauffer l'huile dans une casserole. Ajouter les saucisses et faire revenir à feu moyen jusqu'à ce qu'elles soient dorées. Ajouter tous les ingrédients restants, sauf les œufs. Bien mélanger. Cuire à feu doux pendant 8 à 10 minutes.

- Ajouter délicatement les œufs et remuer jusqu'à ce que les œufs soient juste pris. Servir chaud.

Cari de poulet à la noix de coco séchée

pour 4 personnes

Ingrédients

1 kg / 2¼ lb de poulet, coupé en 12 morceaux

Sel au goût

le jus d'un demi citron

1 gros oignon, tranché

4 cuillères à soupe de noix de coco râpée

1 cuillère à café de curcuma

8 gousses d'ail

2,5 cm / 1 pouce de racine de gingembre

½ cuillère à café de graines de fenouil

1 cuillère à café de garam masala

1 cuillère à café de graines de pavot

4 cuillères à soupe d'huile végétale raffinée

500 ml / 16 fl oz d'eau

Méthode

- Faire mariner le poulet avec le sel et le jus de citron pendant 30 minutes.

- Rôtir à sec l'oignon et la noix de coco pendant 5 minutes.

- Mélanger avec tous les ingrédients restants, sauf l'huile et l'eau. Mélanger avec suffisamment d'eau pour former une pâte lisse.

- Chauffer l'huile dans une casserole. Ajouter les pâtes et faire revenir à feu doux pendant 7-8 minutes. Ajouter le poulet et l'eau. Cuire à feu doux pendant 40 minutes. Servir chaud.

poulet nature

pour 4 personnes

Ingrédients

1 kg / 2¼ lb de poulet, coupé en 8 morceaux

Sel au goût

1 cuillère à café de piment en poudre

½ cuillère à café de curcuma

3 cuillères à soupe d'huile végétale raffinée

2 gros oignons, tranchés finement

1 cuillère à café de pâte de gingembre

1 cuillère à café de pâte d'ail

4-5 piments rouges entiers, épépinés

4 petites tomates, hachées finement

1 cuillère à soupe de garam masala

250 ml / 8 fl oz d'eau

Méthode

- Faire mariner le poulet avec le sel, la poudre de piment et le curcuma pendant 1 heure.

- Chauffer l'huile dans une casserole. Ajouter les oignons et faire revenir à feu moyen jusqu'à ce qu'ils soient dorés. Ajouter la pâte de gingembre et la pâte d'ail. Frire pendant 1 minute.

- Ajouter le poulet mariné et le reste des ingrédients. Bien mélanger. Couvrez avec un couvercle et faites cuire à feu doux pendant 40 minutes. Servir chaud.

curry de poulet du sud

pour 4 personnes

Ingrédients

1 cuillère à café de pâte de gingembre

1 cuillère à café de pâte d'ail

2 piments verts hachés finement

1 cuillère à café de jus de citron

Sel au goût

1 kg / 2¼ lb de poulet, coupé en 10 morceaux

3 cuillères à soupe d'huile végétale raffinée

2,5 cm / 1 pouce de cannelle

3 gousses de cardamome verte

3 dents

1 anis étoilé

2 feuilles de laurier

3 gros oignons, hachés finement

½ cuillère à café de piment en poudre

½ cuillère à café de curcuma

1 cuillère à soupe de coriandre moulue

250 ml / 8 fl oz de lait de coco

Pour l'assaisonnement :

½ cuillère à café de graines de moutarde

8 feuilles de cari

3 piments rouges séchés entiers

Méthode

- Mélanger la pâte de gingembre, la pâte d'ail, les piments verts, le jus de citron et le sel. Faire mariner le poulet avec ce mélange pendant 30 minutes.

- Faire chauffer la moitié de l'huile dans une casserole. Ajouter la cannelle, la cardamome, les clous de girofle, l'anis étoilé et les feuilles de laurier. Laissez-les grésiller pendant 30 secondes.

- Ajouter les oignons et faire revenir à feu moyen jusqu'à ce qu'ils soient dorés.

- Ajouter le poulet mariné, la poudre de piment, le curcuma et la coriandre moulue. Bien mélanger et couvrir avec un couvercle. Cuire à feu doux pendant 20 minutes.

- Ajouter le lait de coco. Bien mélanger et cuire encore 10 minutes en remuant fréquemment. Laisser de côté.

- Faire chauffer le reste d'huile dans une petite casserole. Ajouter les ingrédients de l'assaisonnement. Laissez-les grésiller pendant 30 secondes.

- Verser cet assaisonnement dans le curry de poulet. Bien mélanger et servir chaud.

Ragoût de poulet au lait de coco

pour 4 personnes

Ingrédients

2 cuillères à soupe d'huile végétale raffinée

2 oignons, coupés en 8 morceaux chacun

1 cuillère à café de pâte de gingembre

1 cuillère à café de pâte d'ail

3 piments verts, coupés dans le sens de la longueur

2 cuillères à soupe de garam masala

8 cuisses de poulet

750 ml / 1¼ pinte de lait de coco

200 g / 7 oz de légumes mélangés surgelés

Sel au goût

2 cuillères à café de farine de riz, dissoutes dans 120 ml d'eau

Méthode

- Chauffer l'huile dans une casserole. Ajouter les oignons, la pâte de gingembre, la pâte d'ail, les piments verts et le garam masala. Faire revenir 5 minutes en remuant constamment.

- Ajouter les pilons et le lait de coco. Bien mélanger. Cuire à feu doux pendant 20 minutes.

- Ajouter les légumes et le sel. Bien mélanger et cuire 15 minutes.

- Ajouter le mélange de farine de riz. Laisser mijoter 5 à 10 minutes et servir chaud.

Chandi Tikka

(Morceaux de poulet frits recouverts de flocons d'avoine)

pour 4 personnes

Ingrédients

1 cuillère à soupe de jus de citron

1 cuillère à café de pâte de gingembre

1 cuillère à café de pâte d'ail

2½ oz / 75g de fromage cheddar

200g / 7oz de yaourt

¾ cuillère à café de poivre blanc moulu

1 cuillère à café de graines de cumin noir

Sel au goût

4 poitrines de poulet

1 œuf battu

45g / 1½oz d'avoine

Méthode

- Mélanger tous les ingrédients, sauf les blancs de poulet, l'œuf et les flocons d'avoine. Faire mariner le poulet avec ce mélange pendant 3-4 heures.

- Tremper les poitrines de poulet marinées dans l'œuf, garnir de flocons d'avoine et faire griller pendant une heure en les retournant de temps en temps. Servir chaud.

poulet tandoori

pour 4 personnes

Ingrédients

1 cuillère à soupe de jus de citron

2 cuillères à café de pâte de gingembre

2 cuillères à café de pâte d'ail

2 piments verts finement râpés

1 cuillère à soupe de feuilles de coriandre moulues

1 cuillère à café de piment en poudre

1 cuillère à soupe de garam masala

1 cuillère à soupe de papaye crue moulue

½ cuillère à café de colorant alimentaire orange

1½ cuillère à soupe d'huile végétale raffinée

Sel au goût

1 kg de poulet entier

Méthode

- Mélanger tous les ingrédients sauf le poulet. Faire des incisions dans le poulet et le faire mariner avec ce mélange pendant 6 à 8 heures.

- Rôtir le poulet au four à 200°C (400°F, Gas Mark 6) pendant 40 minutes. Servir chaud.

Murgh Lajawab

(Poulet cuit avec de riches épices indiennes)

pour 4 personnes

Ingrédients

- 1 kg de poulet coupé en 8 morceaux 1 cuillère à café de pâte de gingembre

- 1 cuillère à café de pâte d'ail

- 4 cuillères à soupe de ghee

- 2 cuillères à café de graines de pavot, moulues

- 1 cuillère à café de graines de melon*, sol

- 6 amandes

- 3 gousses de cardamome verte

- ¼ cuillère à café de muscade moulue

- 1 cuillère à café de garam masala

- 2 morceaux de masse

- Sel au goût

- 750 ml / 1¼ pinte de lait

- 6 brins de safran

Méthode

- Faire mariner le poulet avec la pâte de gingembre et la pâte d'ail pendant une heure.

- Faites chauffer le ghee dans une casserole et faites revenir le poulet mariné pendant 10 minutes à feu moyen.

- Ajouter tous les ingrédients restants sauf le lait et le safran. Bien mélanger, couvrir avec un couvercle et laisser mijoter pendant 20 minutes.

- Ajouter le lait et le safran et laisser mijoter 10 minutes. Servir chaud.

Poulet Lahori

(Poulet style frontière nord-ouest)

pour 4 personnes

Ingrédients

50g / 1¾oz de yaourt

1 cuillère à café de pâte de gingembre

1 cuillère à café de pâte d'ail

1 cuillère à café de piment en poudre

½ cuillère à café de curcuma

1 kg / 2¼ lb de poulet, coupé en 12 morceaux

4 cuillères à soupe d'huile végétale raffinée

2 gros oignons, hachés finement

1 cuillère à café de graines de sésame, moulues

1 cuillère à café de graines de pavot, moulues

10 noix de cajou, moulues

2 gros poivrons verts, épépinés et hachés finement

500 ml / 16 fl oz de lait de coco

Sel au goût

Méthode

- Mélanger le yaourt, la pâte de gingembre, la pâte d'ail, la poudre de chili et le curcuma. Faire mariner le poulet avec ce mélange pendant 1 heure.

- Chauffer l'huile dans une casserole. Faire revenir les oignons à feu doux jusqu'à ce qu'ils soient dorés.

- Ajouter le poulet mariné. Frire pendant 7-8 minutes. Ajouter tous les ingrédients restants et cuire 30 minutes en remuant de temps en temps. Servir chaud.

Foie de poulet

pour 4 personnes

Ingrédients

3 cuillères à soupe d'huile végétale raffinée

2 gros oignons, tranchés finement

5 gousses d'ail hachées

8 foies de poulet

1 cuillère à café de poivre noir moulu

1 cuillère à café de jus de citron

Sel au goût

Méthode

- Chauffer l'huile dans une casserole. Ajouter les oignons et l'ail. Frire à feu moyen pendant 3-4 minutes.

- Ajouter tous les ingrédients restants. Faire revenir 15 à 20 minutes en remuant de temps en temps. Servir chaud.

poulet balti

pour 4 personnes

Ingrédients

4 cuillères à soupe de ghee

1 cuillère à café de curcuma

1 cuillère à soupe de graines de moutarde

1 cuillère à soupe de graines de cumin

8 gousses d'ail finement hachées

2,5 cm / 1 pouce racine de gingembre, haché finement

3 petits oignons, hachés finement

7 piments verts

750 g / 1 livre 10 oz de poitrine de poulet, hachée

1 cuillère à soupe de coriandre moulue

1 cuillère à soupe de crème

1 cuillère à café de garam masala

Sel au goût

Méthode

- Faites chauffer le ghee dans une casserole. Ajouter le curcuma, les graines de moutarde et les graines de cumin. Laissez-les grésiller pendant 30 secondes. Ajouter l'ail, le gingembre, l'oignon et les piments verts et faire revenir à feu moyen pendant 2-3 minutes.

- Ajouter tous les ingrédients restants. Cuire à feu doux pendant 30 minutes en remuant de temps en temps. Servir chaud.

Poulet épicé

pour 4 personnes

Ingrédients

8 cuisses de poulet

2 cuillères à café de sauce chili verte

2 cuillères à soupe d'huile végétale raffinée

2 gros oignons, tranchés finement

10 gousses d'ail finement hachées

Sel au goût

une pincée de sucre

2 cuillères à café de vinaigre de malt

Méthode

- Faire mariner le poulet avec la sauce chili pendant 30 minutes.

- Chauffer l'huile dans une casserole. Ajouter les oignons et les faire revenir à feu moyen jusqu'à ce qu'ils soient transparents.

- Ajouter l'ail, le poulet mariné et le sel. Bien mélanger et cuire à feu doux pendant 30 minutes en remuant de temps en temps.

- Ajouter le sucre et le vinaigre. Bien mélanger et servir chaud.

Poulet Dilruba

(Poulet en sauce riche)

pour 4 personnes

Ingrédients

5 cuillères à soupe d'huile végétale raffinée

20 amandes moulues

20 noix de cajou, moulues

2 petits oignons, émincés

5 cm / 2 pouces racine de gingembre, râpé

1 kg / 2¼ lb de poulet, coupé en 8 morceaux

200g / 7oz de yaourt

240 ml de lait

1 cuillère à café de garam masala

½ cuillère à café de curcuma

1 cuillère à café de piment en poudre

Sel au goût

1 pincée de safran trempé dans 1 cuillère à soupe de lait

2 cuillères à soupe de feuilles de coriandre hachées

Méthode

- Chauffer l'huile dans une casserole. Ajouter les amandes, les noix de cajou, les oignons et le gingembre. Frire à feu moyen pendant 3 minutes.

- Ajouter le poulet et le yaourt. Bien mélanger et cuire à feu moyen pendant 20 minutes.

- Ajouter le lait, le garam masala, le curcuma, la poudre de piment et le sel. Bien mélanger. Couvrir avec un couvercle et laisser mijoter pendant 20 minutes.

- Garnir de feuilles de safran et de coriandre. Servir chaud.

ailes de poulet frites

pour 4 personnes

Ingrédients

¼ cuillère à café de curcuma

1 cuillère à café de garam masala

1 cuillère à café de chaat masala*

Sel au goût

1 œuf battu

Huile végétale raffinée pour la friture

12 ailes de poulet

Méthode

- Mélanger le curcuma, le garam masala, le chaat masala, le sel et l'œuf pour obtenir une pâte lisse.

- Faire chauffer l'huile dans une poêle. Tremper les ailes de poulet dans la pâte et les faire frire à feu moyen jusqu'à ce qu'elles soient dorées.

- Égoutter sur du papier absorbant et servir chaud.

murgh moussalam

(Poulet farci)

pour 6

Ingrédients

2 cuillères à soupe de ghee

2 gros oignons, râpés

4 gousses de cardamome noire, moulues

1 cuillère à café de graines de pavot

50g / 1¾oz de noix de coco râpée

1 cuillère à café de macis

1 kg de poulet

4-5 cuillères à soupe de besan*

2-3 feuilles de laurier

6-7 gousses de cardamome verte

3 cuillères à café de pâte d'ail

200g / 7oz de yaourt

Sel au goût

Méthode

- Faites chauffer ½ cuillère à soupe de ghee dans une casserole. Ajouter les oignons et faire revenir jusqu'à ce qu'ils soient dorés.

- Ajouter la cardamome, les graines de pavot, la noix de coco et le macis. Frire pendant 3 minutes.

- Remplissez le poulet avec ce mélange et cousez l'ouverture. Laisser de côté.

- Faites chauffer le ghee restant dans une casserole. Ajouter tous les ingrédients restants et le poulet. Cuire à feu doux pendant 1h30 en remuant de temps en temps. Servir chaud.

délice de poulet

pour 4 personnes

Ingrédients

4 cuillères à soupe d'huile végétale raffinée

5 cm de cannelle moulue

1 cuillère à soupe de poudre de cardamome

8 clous de girofle moulus

½ cuillère à café de muscade râpée

2 gros oignons, émincés

10 gousses d'ail, écrasées

2,5 cm / 1 pouce racine de gingembre, râpé

Sel au goût

1 kg / 2¼ lb de poulet, coupé en 8 morceaux

200g / 7oz de yaourt

300 g / 10 oz de purée de tomates

Méthode

- Chauffer l'huile dans une casserole. Ajouter la cannelle, la cardamome, les clous de girofle, la muscade, l'oignon, l'ail et le gingembre. Frire à feu moyen pendant 5 minutes.

- Ajouter le sel, le poulet, le yaourt et la purée de tomates. Bien mélanger et cuire à feu doux pendant 40 minutes en remuant fréquemment. Servir chaud.

poulet sali

(Poulet et croustilles)

pour 4 personnes

Ingrédients

Sel au goût

1 cuillère à café de pâte de gingembre

1 cuillère à café de pâte d'ail

1 kg de poulet haché

3 cuillères à soupe d'huile végétale raffinée

2 gros oignons, hachés finement

1 cuillère à café de sucre

4 tomates, en purée

1 cuillère à café de curcuma

250 g / 9 oz de croustilles salées nature

Méthode

- Mélanger le sel, la pâte de gingembre et la pâte d'ail. Faire mariner le poulet avec ce mélange pendant 1 heure. Laisser de côté.

- Chauffer l'huile dans une casserole. Faire revenir les oignons à feu doux jusqu'à ce qu'ils soient dorés.

- Ajouter le poulet mariné et le sucre, la purée de tomates et le curcuma. Couvrir avec un couvercle et cuire à feu doux pendant 40 minutes en remuant fréquemment.

- Parsemer les frites dessus et servir chaud.

poulet frit tikka

pour 4 personnes

Ingrédients

1 kg / 2¼ lb de poulet désossé, haché

1 litre / 1¾ pinte de lait

1 cuillère à café de safran

8 gousses de cardamome verte

5 dents

2,5 cm / 1 pouce de cannelle

2 feuilles de laurier

250g / 9oz de riz basmati

4 cuillères à café de graines de fenouil

Sel au goût

150g / 5½oz de yaourt

Huile végétale raffinée pour la friture

Méthode

- Mélanger le poulet avec le lait, le safran, la cardamome, les clous de girofle, la cannelle et les feuilles de laurier. Cuire dans une casserole à feu doux pendant 50 minutes. Laisser de côté.

- Moudre le riz avec les graines de fenouil, le sel et suffisamment d'eau pour former une pâte fine. Ajouter cette pâte au yaourt et bien battre.

- Faire chauffer l'huile dans une poêle. Tremper les morceaux de poulet dans le mélange de yogourt et faire revenir à feu moyen jusqu'à ce qu'ils soient dorés. Servir chaud.

Poulet Seekh

pour 4 personnes

Ingrédients

500 g / 1 lb 2 oz de poulet, haché

10 gousses d'ail hachées

5 cm / 2 pouces de racine de gingembre, coupée en julienne

2 piments verts hachés finement

½ cuillère à café de graines de cumin noir

Sel au goût

Méthode

- Mélanger la viande hachée avec tous les ingrédients et pétrir en une pâte lisse. Diviser ce mélange en 8 portions égales.

- Piquer et cuire sur le gril pendant 10 minutes.

- Servir chaud avec un chutney à la menthe

Nadan Kozhikari

(Poulet au Fenouil et Lait de Coco)

pour 4 personnes

Ingrédients

½ cuillère à café de curcuma

2 cuillères à café de pâte de gingembre

Sel au goût

1 kg / 2¼ lb de poulet, coupé en 8 morceaux

1 cuillère à soupe de graines de coriandre

3 piments rouges

1 cuillère à café de graines de fenouil

1 cuillère à café de graines de moutarde

3 gros oignons

3 cuillères à soupe d'huile végétale raffinée

750 ml / 1¼ pinte de lait de coco

250 ml / 8 fl oz d'eau

10 feuilles de cari

Méthode

- Mélangez le curcuma, la pâte de gingembre et le sel pendant 1 heure. Faire mariner le poulet avec ce mélange pendant 1 heure.

- Graines de coriandre rôties à sec, piments rouges, graines de fenouil et graines de moutarde. Mélanger avec les oignons et broyer jusqu'à obtenir une pâte lisse.

- Chauffer l'huile dans une casserole. Ajouter la pâte d'oignon et faire revenir à feu doux pendant 7 minutes. Ajouter le poulet mariné, le lait de coco et l'eau. Cuire à feu doux pendant 40 minutes. Servir garni de feuilles de curry.

le poulet de maman

pour 4 personnes

Ingrédients

3 cuillères à soupe d'huile végétale raffinée

5 cm / 2 pouces de cannelle

2 gousses de cardamome verte

4 dents

4 gros oignons, hachés finement

2,5 cm / 1 pouce racine de gingembre, râpé

8 gousses d'ail, écrasées

3 grosses tomates, hachées finement

2 cuillères à café de coriandre moulue

1 cuillère à café de curcuma

Sel au goût

1 kg / 2¼ lb de poulet, coupé en 12 morceaux

500 ml / 16 fl oz d'eau

Méthode

- Chauffer l'huile dans une casserole. Ajouter la cannelle, la cardamome et les clous de girofle. Laissez-les grésiller pendant 15 secondes.
- Ajouter l'oignon, le gingembre et l'ail. Faire revenir à feu moyen pendant 2 minutes.
- Ajouter le reste des ingrédients, sauf l'eau. Frire pendant 5 minutes.
- Versez l'eau. Bien mélanger et cuire à feu doux pendant 40 minutes. Servir chaud.

Poulet Méthi

(Poulet cuit avec des feuilles de fenugrec)

pour 4 personnes

Ingrédients

1 cuillère à café de pâte de gingembre

2 cuillères à café de pâte d'ail

2 cuillères à café de coriandre moulue

½ cuillère à café de clous de girofle moulus

jus de 1 citron

1 kg / 2¼ lb de poulet, coupé en 8 morceaux

4 cuillères à café de beurre

1 cuillère à café de poudre de gingembre séché

2 cuillères à soupe de feuilles de fenugrec séchées

50 g / 1¾ oz de feuilles de coriandre, hachées

¼ oz / 10 g de feuilles de menthe, finement hachées

Sel au goût

Méthode

- Mélanger la pâte de gingembre, la pâte d'ail, la coriandre moulue, les clous de girofle et la moitié du jus de citron. Faire mariner le poulet avec ce mélange pendant 2 heures.
- Cuire au four à 200°C (400°F, Gas Mark 6) pendant 50 minutes. Laisser de côté.
- Faire chauffer le beurre dans une casserole. Ajouter le poulet rôti et tous les ingrédients restants. Bien mélanger. Cuire 5-6 minutes et servir chaud.

Cuisses de poulet épicées

pour 4 personnes

Ingrédients

8-10 cuisses de poulet, piquées à la fourchette

2 oeufs battus

100g / 3½oz de semoule

Huile végétale raffinée pour la friture

Pour le mélange d'épices :

6 piments rouges

6 gousses d'ail

2,5 cm / 1 pouce de racine de gingembre

1 cuillère à soupe de feuilles de coriandre hachées

6 dents

15 grains de poivre noir

Sel au goût

4 cuillères à soupe de vinaigre de malt

Méthode

- Moudre les ingrédients du mélange d'épices en une pâte lisse. Faire mariner les pilons avec cette pâte pendant une heure.
- Faire chauffer l'huile dans une poêle. Trempez les pilons dans l'œuf, roulez-les dans la semoule et faites-les frire à feu moyen jusqu'à ce qu'ils soient dorés. Servir chaud.

Poulet au curry de Dieter

pour 4 personnes

Ingrédients

1 cuillère à café de pâte de gingembre

1 cuillère à café de pâte d'ail

200g / 7oz de yaourt

1 cuillère à café de piment en poudre

½ cuillère à café de curcuma

2 tomates, hachées finement

1 cuillère à café de coriandre moulue

1 cuillère à café de cumin moulu

1 cuillère à café de feuilles de fenugrec séchées, écrasées

2 cuillères à café de garam masala

1 cuillère à café de cornichons à la mangue

Sel au goût

750 g / 1 lb 10 oz de poulet, haché

Méthode

- Mélanger tous les ingrédients sauf le poulet. Faire mariner le poulet avec ce mélange pendant 3 heures.
- Cuire le mélange dans un pot en argile ou une casserole à feu doux pendant 40 minutes. Ajouter de l'eau si nécessaire. Servir chaud.

poulet céleste

pour 4 personnes

Ingrédients

4 cuillères à soupe d'huile végétale raffinée

1 kg / 2¼ lb de poulet, coupé en 8 morceaux

Sel au goût

1 cuillère à café de poivre

1 cuillère à café de curcuma

6 oignons nouveaux, hachés finement

250 ml / 8 fl oz d'eau

Pour le mélange d'épices :

1½ cuillère à café de pâte de gingembre

1½ cuillères à café de pâte d'ail

3 poivrons verts, épépinés et tranchés

2 piments verts

½ noix de coco fraîche, râpée

2 tomates, hachées finement

Méthode

- Broyer les ingrédients du mélange d'épices en une pâte lisse.
- Chauffer l'huile dans une casserole. Ajouter les pâtes et faire revenir à feu doux pendant 7 minutes. Ajouter le reste des ingrédients, sauf l'eau. Frire pendant 5 minutes. Ajouter l'eau. Bien mélanger et cuire à feu doux pendant 40 minutes. Servir chaud.

Poulet Rizala

pour 4 personnes

Ingrédients

6 cuillères à soupe d'huile végétale raffinée

2 gros oignons, coupés dans le sens de la longueur

1 cuillère à café de pâte de gingembre

1 cuillère à café de pâte d'ail

2 cuillères à soupe de graines de pavot, moulues

1 cuillère à soupe de coriandre moulue

2 gros poivrons verts, coupés en julienne

360 ml / 12 fl oz d'eau

1 kg / 2¼ lb de poulet, coupé en 8 morceaux

6 gousses de cardamome verte

5 dents

200g / 7oz de yaourt

1 cuillère à café de garam masala

jus de 1 citron

Sel au goût

Méthode

- Chauffer l'huile dans une casserole. Ajouter les oignons, la pâte de gingembre, la pâte d'ail, les graines de pavot et la coriandre moulue. Faire revenir à feu doux pendant 2 minutes.
- Ajouter tous les ingrédients restants et bien mélanger. Couvrir avec un couvercle et cuire à feu doux pendant 40 minutes en remuant de temps en temps. Servir chaud.

poulet surprise

pour 4 personnes

Ingrédients

150g / 5½ oz de feuilles de coriandre, hachées

10 gousses d'ail

2,5 cm / 1 pouce de racine de gingembre

1 cuillère à café de garam masala

1 cuillère à soupe de pâte de tamarin

2 cuillères à café de graines de cumin

1 cuillère à café de curcuma

4 cuillères à soupe d'eau

Sel au goût

1 kg / 2¼ lb de poulet, coupé en 8 morceaux

Huile végétale raffinée pour la friture

2 oeufs battus

Méthode

- Broyer tous les ingrédients, sauf le poulet, l'huile et les œufs, en une pâte lisse. Faire mariner le poulet avec cette pâte pendant 2 heures.
- Faire chauffer l'huile dans une poêle. Tremper chaque morceau de poulet dans les œufs et faire revenir à feu moyen jusqu'à ce qu'il soit doré. Servir chaud.

Poulet au fromage

pour 4 personnes

Ingrédients

12 cuisses de poulet

4 cuillères à soupe de beurre

1 cuillère à café de pâte de gingembre

1 cuillère à café de pâte d'ail

2 gros oignons, hachés finement

1 cuillère à café de garam masala

Sel au goût

200g / 7oz de yaourt

Pour la marinade :

1 cuillère à café de pâte de gingembre

1 cuillère à café de pâte d'ail

1 cuillère à soupe de jus de citron

¼ cuillère à café de garam masala

4 cuillères à soupe de crème

4 cuillères à soupe de fromage cheddar râpé

Sel au goût

Méthode

- Piquer les pilons de partout avec une fourchette. Mélanger tous les ingrédients de la marinade. Faire mariner les pilons avec ce mélange pendant 8 à 10 heures.
- Faire chauffer le beurre dans une casserole. Ajouter la pâte de gingembre et la pâte d'ail. Frire à feu moyen pendant 1-2 minutes. Ajouter tous les ingrédients restants, sauf le yaourt. Frire pendant 5 minutes.
- Ajouter les pilons et le yaourt. Cuire à feu doux pendant 40 minutes. Servir chaud.

Boeuf Korma

(Bœuf cuit dans une sauce piquante)

pour 4 personnes

Ingrédients

4 cuillères à soupe d'huile végétale raffinée

2 gros oignons, hachés finement

1½ lb / 675 g de bœuf, coupé en morceaux de 1 po / 2,5 cm

360 ml / 12 fl oz d'eau

½ cuillère à café de cannelle moulue

120 ml de crème liquide

125g / 4½oz de yaourt

1 cuillère à café de garam masala

Sel au goût

10 g de feuilles de coriandre finement hachées

Pour le mélange d'épices :

1½ cuillère à soupe de graines de coriandre

¾ cuillère à soupe de graines de cumin

3 gousses de cardamome verte

4 grains de poivre noir

6 dents

2,5 cm / 1 pouce de racine de gingembre

10 gousses d'ail

15 amandes

Méthode

- Mélangez tous les ingrédients du mélange d'épices et broyez-les avec suffisamment d'eau pour former une pâte lisse. Laisser de côté.
- Chauffer l'huile dans une casserole. Ajouter les oignons et faire revenir à feu moyen jusqu'à ce qu'ils soient dorés.
- Ajouter la pâte d'épices mélangée et la viande. Frire pendant 2-3 minutes. Ajouter l'eau. Bien mélanger et cuire à feu doux pendant 45 minutes.
- Ajouter la cannelle moulue, la crème, le yaourt, le garam masala et le sel. Bien remuer pendant 3-4 minutes.
- Garnir le boeuf korma avec les feuilles de coriandre. Servir chaud.

Dhal Kheema

(Hacher avec des lentilles)

pour 4 personnes

Ingrédients

675 g / 1½ lb d'agneau, haché

1 cuillère à café de pâte de gingembre

1 cuillère à café de pâte d'ail

3 gros oignons, hachés finement

360 ml / 12 fl oz d'eau

Sel au goût

600g/1lb 5oz chana dhal*, trempé dans 250 ml / 8 fl oz d'eau pendant 30 minutes

½ cuillère à café de pâte de tamarin

60 ml / 2 fl oz d'huile végétale raffinée

4 dents

2,5 cm / 1 pouce de cannelle

2 gousses de cardamome verte

4 grains de poivre noir

10 g de feuilles de coriandre finement hachées

Pour le mélange d'épices :

2 cuillères à café de graines de coriandre

3 piments rouges

½ cuillère à café de curcuma

¼ cuillère à café de graines de cumin

25 g / à peine 1 oz de noix de coco fraîche râpée

1 cuillère à café de graines de pavot

Méthode

- Rôtir à sec tous les ingrédients du mélange d'épices ensemble. Broyer ce mélange avec suffisamment d'eau pour former une pâte lisse. Laisser de côté.
- Mélanger l'agneau haché avec la pâte de gingembre, la pâte d'ail, la moitié des oignons, le reste d'eau et le sel. Cuire dans une casserole à feu moyen pendant 40 minutes.
- Ajouter le chana dhal avec l'eau dans laquelle il a été trempé. Bien mélanger. Cuire à feu doux pendant 10 minutes.
- Ajouter la pâte d'épices mélangée et la pâte de tamarin. Couvrir avec un couvercle et laisser mijoter 10 minutes en remuant de temps en temps. Laisser de côté.
- Faire chauffer l'huile dans une poêle. Ajouter les oignons restants et faire revenir à feu moyen jusqu'à ce qu'ils soient dorés.
- Ajouter les clous de girofle, la cannelle, la cardamome et les grains de poivre. Frire une minute.
- Retirer du feu et verser directement sur le mélange de hachis et de dhal. Bien remuer pendant une minute.

- Garnir le dhal kheema avec les feuilles de coriandre. Servir chaud.

Curry de Porc

pour 4 personnes

Ingrédients

500 g / 1 lb 2 oz de porc, coupé en morceaux de 2,5 cm / 1 pouce

1 cuillère à soupe de vinaigre de malt

6 feuilles de curry

2,5 cm / 1 pouce de cannelle

3 dents

500 ml / 16 fl oz d'eau

Sel au goût

2 grosses pommes de terre, coupées en cubes

3 cuillères à soupe d'huile végétale raffinée

1 cuillère à café de garam masala

Pour le mélange d'épices :

1 cuillère à soupe de graines de coriandre

1 cuillère à café de graines de cumin

6 grains de poivre noir

½ cuillère à café de curcuma

4 piments rouges

2 gros oignons, hachés finement

2,5 cm / 1 pouce de racine de gingembre, tranchée

10 gousses d'ail, tranchées

½ cuillère à café de pâte de tamarin

Méthode

- Mélanger tous les ingrédients du mélange d'épices. Mélanger avec suffisamment d'eau pour former une pâte lisse. Laisser de côté.
- Mélanger le porc avec le vinaigre, les feuilles de curry, la cannelle, les clous de girofle, l'eau et le sel. Cuire ce mélange dans une casserole à feu moyen pendant 40 minutes.
- Ajouter les pommes de terre. Bien mélanger et cuire à feu doux pendant 10 minutes. Laisser de côté.
- Chauffer l'huile dans une casserole. Ajouter le mélange de pâte d'épices et faire revenir à feu moyen pendant 3-4 minutes.
- Ajouter le mélange de porc et le garam masala. Bien mélanger. Couvrir avec un couvercle et laisser mijoter 10 minutes en remuant de temps en temps.
- Servir chaud.

Shikampoore Kebab

(Brochette d'agneau)

pour 4 personnes

Ingrédients

- 3 gros oignons
- 8 gousses d'ail
- 2,5 cm / 1 pouce de racine de gingembre
- 6 piments rouges séchés
- 4 cuillères à soupe de ghee plus extra pour la friture
- 1 cuillère à café de curcuma
- 1 cuillère à café de coriandre moulue
- ½ cuillère à café de cumin moulu
- 10 amandes moulues
- 10 pistaches, moulues
- 1 cuillère à café de garam masala
- pincée de cannelle moulue
- 1 cuillère à soupe de clous de girofle moulus
- 1 cuillère à soupe de cardamome verte moulue
- 2 cuillères à soupe de lait de coco

Sel au goût

1 cuillère à soupe de baiser*

750 g / 1 lb 10 oz d'agneau, haché

200g / 7oz yaourt grec

1 cuillère à soupe de feuilles de menthe finement hachées

Méthode

- Mélanger les oignons, l'ail, le gingembre et les piments.
- Broyer ce mélange avec suffisamment d'eau pour former une pâte lisse.
- Faites chauffer le ghee dans une casserole. Ajouter cette pâte et faire frire à feu moyen pendant 1-2 minutes.
- Ajouter le curcuma, la coriandre moulue et le cumin moulu. Frire une minute.
- Ajouter les amandes moulues, les pistaches moulues, le garam masala, la cannelle moulue, les clous de girofle moulus et la cardamome. Continuer la friture pendant 2-3 minutes.
- Ajouter le lait de coco et le sel. Bien mélanger. Remuer pendant 5 minutes.
- Ajouter le besan et la viande hachée. Bien mélanger. Cuire à feu doux pendant 30 minutes en remuant de temps en temps. Retirer du feu et laisser refroidir 10 minutes.
- Une fois le mélange de hachis refroidi, divisez-le en 8 boules et aplatissez chacune en escalope. Laisser de côté.

- Bien battre le yaourt avec les feuilles de menthe. Déposer une grosse cuillerée de ce mélange au centre de chaque côtelette aplatie. Sceller comme un sac, rouler en boule et aplatir à nouveau.
- Faites chauffer le ghee dans une casserole. Ajouter les côtelettes et faire revenir à feu moyen jusqu'à ce qu'elles soient dorées. Servir chaud.

agneau spécial

pour 4 personnes

Ingrédients

5 cuillères à soupe de ghee

4 gros oignons, tranchés

2 tomates, tranchées

1½ lb / 675 g d'agneau, coupé en morceaux de 1½ po / 3,5 cm

1 litre / 1¾ pinte d'eau

Sel au goût

Pour le mélange d'épices :

10 gousses d'ail

3 piments verts

3,5 cm / 1½ pouce racine de gingembre

4 dents

2,5 cm / 1 pouce de cannelle

1 cuillère à soupe de graines de pavot

1 cuillère à café de graines de cumin noir

1 cuillère à café de graines de cumin

2 gousses de cardamome verte

2 cuillères à soupe de graines de coriandre

7 grains de poivre

5 piments rouges séchés

1 cuillère à café de curcuma

1 cuillère à soupe de chana dhal*

25 g / peu de feuilles de menthe de 1 oz

25 g / feuilles de coriandre à peine 1 oz

100 g / 3½ oz de noix de coco fraîche râpée

Méthode

- Mélangez tous les ingrédients du mélange d'épices et broyez-les avec suffisamment d'eau pour former une pâte lisse. Laisser de côté.
- Faites chauffer le ghee dans une casserole. Ajouter les oignons et faire revenir à feu moyen jusqu'à ce qu'ils soient dorés.
- Ajouter la pâte d'épices mélangées. Frire pendant 3-4 minutes en remuant de temps en temps.
- Ajouter les tomates et l'agneau. Frire pendant 8-10 minutes. Ajouter l'eau et le sel. Bien mélanger, couvrir avec un couvercle et laisser mijoter pendant 45 minutes en remuant de temps en temps. Servir chaud.

Escalopes Masala vertes

pour 4 personnes

Ingrédients

750g / 1lb 10oz côtelettes d'agneau

Sel au goût

360 ml / 12 fl oz d'huile végétale raffinée

3 grosses pommes de terre, tranchées

5 cm / 2 pouces de cannelle

2 gousses de cardamome verte

4 dents

3 tomates, hachées finement

¼ cuillère à café de curcuma

120 ml de vinaigre

250 ml / 8 fl oz d'eau

Pour le mélange d'épices :

3 gros oignons

2,5 cm / 1 pouce de racine de gingembre

10-12 gousses d'ail

¼ cuillère à café de graines de cumin

6 piments verts, coupés dans le sens de la longueur

1 cuillère à café de graines de coriandre

1 cuillère à café de graines de cumin

50 g / 1¾ oz de feuilles de coriandre, finement hachées

Méthode
- Faire mariner l'agneau avec le sel pendant une heure.
- Mélanger tous les ingrédients du mélange d'épices. Mélanger avec suffisamment d'eau pour former une pâte lisse. Laisser de côté.
- Faire chauffer la moitié de l'huile dans une poêle. Ajouter les pommes de terre et les faire revenir à feu moyen jusqu'à ce qu'elles soient dorées. Égoutter et réserver.
- Faire chauffer le reste d'huile dans une casserole. Ajouter la cannelle, la cardamome et les clous de girofle. Laissez-les grésiller pendant 20 secondes.
- Ajouter la pâte d'épices mélangées. Faites-le revenir à feu moyen pendant 3-4 minutes.
- Ajouter les tomates et le curcuma. Continuez à frire pendant 1 à 2 minutes.
- Ajouter le vinaigre et l'agneau mariné. Frire pendant 6-7 minutes.
- Ajouter l'eau et bien mélanger. Couvrir avec un couvercle et cuire à feu doux pendant 45 minutes en remuant de temps en temps.
- Ajouter les frites. Cuire 5 minutes en remuant continuellement. Servir chaud.

kebab en couches

pour 4 personnes

Ingrédients

120ml / 4fl oz d'huile végétale raffinée

100g / 3½oz de chapelure

Pour la couche blanche :

450 g / 1 livre de fromage de chèvre, égoutté

1 grosse pomme de terre, bouillie

½ cuillère à café de sel

½ cuillère à café de poivre noir moulu

½ cuillère à café de piment en poudre

le jus d'un demi citron

50 g / 1¾ oz de feuilles de coriandre, hachées

Pour la couche verte :

200g / 7oz d'épinards

2 cuillères à soupe de mungo dhal*

1 gros oignon, haché finement

2,5 cm / 1 pouce de racine de gingembre

4 dents

¼ cuillère à café de curcuma

1 cuillère à café de garam masala

Sel au goût

250 ml / 8 fl oz d'eau

2 cuillères à soupe de bisou*

Pour la couche orange :

1 œuf battu

1 gros oignon, haché finement

1 cuillère à soupe de jus de citron

¼ cuillère à café de colorant alimentaire orange

Pour la couche de viande :

500g / 1lb 2oz de viande hachée

150g / 5½oz dhal mungo*, trempé pendant 1 heure

5 cm / 2 pouces racine de gingembre

6 gousses d'ail

6 dents

1 cuillère à soupe de cumin moulu

1 cuillère à soupe de piment en poudre

10 grains de poivre noir

600 ml / 1 pinte d'eau

Méthode

- Mélanger et pétrir les ingrédients de la couche blanche avec un peu de sel. Laisser de côté.

- Mélanger tous les ingrédients de la couche verte sauf le besan. Cuire dans une casserole à feu doux pendant 45 minutes. Mixer avec le besan et réserver.
- Mélanger tous les ingrédients de la couche orange avec un peu de sel. Laisser de côté.
- Pour la couche de viande, mélanger tous les ingrédients avec un peu de sel et cuire dans une casserole à feu moyen pendant 40 minutes. Laisser refroidir et effilocher.
- Diviser le mélange pour chaque couche en 8 portions. Rouler en boules et tapoter doucement pour former des escalopes. Placez 1 escalope de chaque couche l'une sur l'autre, de sorte que vous ayez huit galettes à 4 couches. Presser légèrement dans des brochettes de forme oblongue.
- Faire chauffer l'huile dans une poêle. Rouler les brochettes dans la chapelure et les faire frire à feu moyen jusqu'à ce qu'elles soient dorées. Servir chaud.

Champ Barrah

(Côtelettes d'agneau grillées)

pour 4 personnes

Ingrédients

1 cuillère à café de pâte de gingembre

1 cuillère à café de pâte d'ail

3 cuillères à soupe de vinaigre de malt

1½ lb / 675 g de côtelettes d'agneau

400g / 14oz yaourt grec

1 cuillère à café de curcuma

4 piments verts hachés finement

½ cuillère à café de piment en poudre

1 cuillère à café de coriandre moulue

1 cuillère à café de cumin moulu

1 cuillère à café de cannelle moulue

¾ cuillère à café de clous de girofle moulus

Sel au goût

1 cuillère à soupe de chaat masala*

Méthode

- Mélanger la pâte de gingembre et la pâte d'ail avec le vinaigre. Faire mariner l'agneau avec ce mélange pendant 2 heures.
- Mélanger tous les ingrédients restants sauf le chaat masala. Faire mariner les côtelettes d'agneau avec ce mélange pendant 4 heures.
- Piquer les côtelettes et rôtir au four à 200°C (400°F, Gas Mark 6) pendant 40 minutes.
- Garnir de chaat masala et servir chaud.

agneau mariné

pour 4 personnes

Ingrédients

- 10 piments rouges séchés
- 10 gousses d'ail
- 3,5 cm / 1½ pouce racine de gingembre
- Sel au goût
- 750 ml / 1¼ pinte d'eau
- 2 cuillères à soupe de yaourt
- 1½ lb / 675 g d'agneau, coupé en morceaux de 1 pouce / 2,5 cm
- 250 ml / 8 fl oz d'huile végétale raffinée
- 1½ cuillère à café de curcuma
- 1 cuillère à soupe de graines de coriandre
- 10 grains de poivre noir
- 3 gousses de cardamome noire
- 4 dents
- 3 feuilles de laurier
- 1 cuillère à café de macis râpé
- ¼ cuillère à café de muscade râpée
- 1 cuillère à café de graines de cumin

½ cuillère à café de graines de moutarde

100g / 3½ oz de noix de coco râpée

½ cuillère à café d'asafoetida

jus de 1 citron

Méthode

- Mélanger les piments rouges, l'ail, le gingembre et le sel. Mélanger avec suffisamment d'eau pour former une pâte lisse.
- Mélangez cette pâte avec le yaourt. Faire mariner la viande avec ce mélange pendant 1 heure.
- Faire chauffer la moitié de l'huile dans une casserole. Ajouter le curcuma, les graines de coriandre, les grains de poivre, la cardamome, les clous de girofle, les feuilles de laurier, le macis, la muscade, les graines de cumin, les graines de moutarde et la noix de coco. Frire à feu moyen pendant 2-3 minutes.
- Broyer le mélange avec suffisamment d'eau pour former une pâte épaisse.
- Ajouter le reste d'huile dans une casserole. Ajouter l'asafoetida. Laissez grésiller pendant 10 secondes.
- Ajouter la pâte de graines de curcuma et la coriandre moulue. Frire à feu moyen pendant 3-4 minutes.
- Ajouter l'agneau mariné et le reste de l'eau. Bien mélanger. Couvrez avec un couvercle et faites cuire à feu doux pendant 45 minutes. Laisser refroidir.
- Ajouter le jus de citron et bien mélanger. Conservez le cornichon d'agneau dans un contenant hermétique.

Curry d'agneau de Goa

pour 4 personnes

Ingrédients

240ml / 6fl oz d'huile végétale raffinée

4 gros oignons, hachés finement

1 cuillère à café de curcuma

4 tomates, en purée

1½ lb / 675 g d'agneau, coupé en morceaux de 1 pouce / 2,5 cm

4 grosses pommes de terre, coupées en cubes

600 ml / 1 pinte de lait de coco

120 ml / 4 fl oz d'eau

Sel au goût

Pour le mélange d'épices :

4 gousses de cardamome verte

5 cm / 2 pouces de cannelle

6 grains de poivre noir

1 cuillère à café de graines de cumin

2 dents

6 piments rouges

1 anis étoilé

50 g / 1¾ oz de feuilles de coriandre, finement hachées

3 piments verts

1 cuillère à café de pâte de gingembre

1 cuillère à café de pâte d'ail

Méthode

- Pour préparer le mélange d'épices, faites rôtir à sec la cardamome, la cannelle, les grains de poivre, les graines de cumin, les clous de girofle, les piments rouges et l'anis étoilé pendant 3 à 4 minutes.
- Broyer ce mélange avec les ingrédients restants du mélange d'épices et suffisamment d'eau pour former une pâte lisse. Laisser de côté.
- Chauffer l'huile dans une casserole. Ajouter les oignons et les faire revenir à feu moyen jusqu'à ce qu'ils deviennent translucides.
- Ajouter le curcuma et la purée de tomates. Frire pendant 2 minutes.
- Ajouter la pâte d'épices mélangées. Continuer la friture pendant 4-5 minutes.
- Ajouter l'agneau et les pommes de terre. Frire pendant 5-6 minutes.
- Ajouter le lait de coco, l'eau et le sel. Bien mélanger. Couvrez avec un couvercle et faites cuire le mélange à feu doux pendant 45 minutes en remuant de temps en temps. Servir chaud.

viande de bagara

(Viande cuite dans une riche sauce indienne)

pour 4 personnes

Ingrédients

120ml / 4fl oz d'huile végétale raffinée

3 piments rouges

1 cuillère à café de graines de cumin

10 feuilles de cari

2 gros oignons

½ cuillère à café de curcuma

1 cuillère à café de piment en poudre

1 cuillère à café de coriandre moulue

1 cuillère à café de pâte de tamarin

1 cuillère à café de garam masala

500 g / 1 lb 2 oz d'agneau, coupé en dés

Sel au goût

500 ml / 16 fl oz d'eau

Pour le mélange d'épices :

2 cuillères à soupe de graines de sésame

2 cuillères à soupe de noix de coco fraîche râpée

2 cuillères à soupe de cacahuètes

2,5 cm / 1 pouce de racine de gingembre

8 gousses d'ail

Méthode

- Mélanger les ingrédients pour le mélange d'épices. Broyer ce mélange avec suffisamment d'eau pour former une pâte lisse. Laisser de côté.
- Chauffer l'huile dans une casserole. Ajouter les piments rouges, les graines de cumin et les feuilles de curry. Laissez-les grésiller pendant 15 secondes.
- Ajouter les oignons et le mélange d'épices. Frire à feu moyen pendant 4-5 minutes.
- Ajouter le reste des ingrédients, sauf l'eau. Frire pendant 5-6 minutes.
- Ajouter l'eau. Bien mélanger. Couvrez avec un couvercle et faites cuire à feu doux pendant 45 minutes. Servir chaud.

Foie au lait de coco

pour 4 personnes

Ingrédients

750 g / 1 lb 10 oz de foie, coupé en morceaux de 2,5 cm / 1 pouce

½ cuillère à café de curcuma

Sel au goût

500 ml / 16 fl oz d'eau

5 cuillères à soupe d'huile végétale raffinée

3 gros oignons, hachés finement

1 cuillère à soupe de gingembre finement haché

1 cuillère à soupe de gousses d'ail finement hachées

6 piments verts, coupés dans le sens de la longueur

3 grosses pommes de terre, coupées en morceaux de 2,5 cm / 1 pouce

1 cuillère à soupe de vinaigre de malt

500 ml / 16 fl oz de lait de coco

Pour le mélange d'épices :

3 piments rouges séchés

2,5 cm / 1 pouce de cannelle

4 gousses de cardamome verte

1 cuillère à café de graines de cumin

8 grains de poivre noir

Méthode

- Mélanger le foie avec le curcuma, le sel et l'eau. Cuire dans une casserole à feu moyen pendant 40 minutes. Laisser de côté.
- Mélangez tous les ingrédients du mélange d'épices et broyez-les avec suffisamment d'eau pour former une pâte lisse. Laisser de côté.
- Chauffer l'huile dans une casserole. Ajouter les oignons et les faire revenir à feu moyen jusqu'à ce qu'ils deviennent translucides.
- Ajouter le gingembre, l'ail et les piments verts. Frire pendant 2 minutes.
- Ajouter la pâte d'épices mélangées. Continuez à frire pendant 1 à 2 minutes.
- Ajouter le mélange de foie, les pommes de terre, le vinaigre et le lait de coco. Bien remuer pendant 2 minutes. Couvrir avec un couvercle et laisser mijoter 15 minutes en remuant de temps en temps. Servir chaud.

Agneau Masala au Yaourt

pour 4 personnes

Ingrédients

200g / 7oz de yaourt

Sel au goût

1½ lb / 675 g d'agneau, coupé en morceaux de 1 pouce / 2,5 cm

4 cuillères à soupe d'huile végétale raffinée

3 gros oignons, hachés finement

3 carottes, coupées en dés

3 tomates, hachées finement

120 ml / 4 fl oz d'eau

Pour le mélange d'épices :

25 g / quelques feuilles de coriandre de 1 oz, hachées finement

¼ cuillère à café de curcuma

2,5 cm / 1 pouce de racine de gingembre

2 piments verts

8 gousses d'ail

4 gousses de cardamome

4 dents

5 cm / 2 pouces de cannelle

3 feuilles de cari

¾ cuillère à café de curcuma

2 cuillères à café de coriandre moulue

1 cuillère à café de piment en poudre

½ cuillère à café de pâte de tamarin

Méthode

- Mélanger tous les ingrédients du mélange d'épices. Mélanger avec suffisamment d'eau pour former une pâte lisse.
- Bien mélanger la pâte avec le yaourt et le sel. Faire mariner l'agneau avec ce mélange pendant 1 heure.
- Chauffer l'huile dans une casserole. Ajouter les oignons et les faire revenir à feu moyen jusqu'à ce qu'ils deviennent translucides.
- Ajouter les carottes et les tomates et faire revenir pendant 3-4 minutes.
- Ajouter l'agneau mariné et l'eau. Bien mélanger. Couvrir avec un couvercle et cuire à feu doux pendant 45 minutes en remuant de temps en temps. Servir chaud.

Korma à Khada Masala

(Agneau épicé en sauce épaisse)

pour 4 personnes

Ingrédients

75g / 2½oz de ghee

3 gousses de cardamome noire

6 dents

2 feuilles de laurier

½ cuillère à café de graines de cumin

2 gros oignons, tranchés

3 piments rouges séchés

2,5 cm / 1 pouce racine de gingembre, haché finement

20 gousses d'ail

5 piments verts, coupés dans le sens de la longueur

675 g / 1½ lb d'agneau, coupé en dés

½ cuillère à café de piment en poudre

2 cuillères à café de coriandre moulue

6-8 échalotes, épluchées

200 g / 7 oz de pois en conserve

750ml / 1¼fl oz d'eau

Une pincée de safran, dissoute dans 2 cuillères à soupe d'eau tiède

Sel au goût

1 cuillère à café de jus de citron

200g / 7oz de yaourt

1 cuillère à soupe de feuilles de coriandre finement hachées

4 œufs durs, coupés en deux

Méthode

- Faites chauffer le ghee dans une casserole. Ajouter la cardamome, les clous de girofle, les feuilles de laurier et les graines de cumin. Laissez-les grésiller pendant 30 secondes.
- Ajouter les oignons et faire revenir à feu moyen jusqu'à ce qu'ils soient dorés.
- Ajouter les piments rouges séchés, le gingembre, l'ail et les piments verts. Frire une minute.
- Ajouter l'agneau. Frire pendant 5-6 minutes.
- Ajouter la poudre de chili, la coriandre moulue, les échalotes et les petits pois. Continuez à frire pendant 3-4 minutes.
- Ajouter l'eau, le mélange de safran, le sel et le jus de citron. Bien remuer pendant 2-3 minutes. Couvrir avec un couvercle et laisser mijoter pendant 20 minutes.
- Découvrir la casserole et ajouter le yaourt. Bien mélanger. Couvrez à nouveau et poursuivez la cuisson à feu doux pendant 20 à 25 minutes en remuant de temps en temps.
- Garnir de feuilles de coriandre et d'œufs. Servir chaud.

Curry d'agneau et de rognons

pour 4 personnes

Ingrédients

- 5 cuillères à soupe d'huile végétale raffinée plus un supplément pour la friture
- 4 grosses pommes de terre, coupées en longues lanières
- 3 gros oignons, hachés finement
- 3 grosses tomates, hachées finement
- ¼ cuillère à café de curcuma
- 1 cuillère à café de piment en poudre
- 2 cuillères à café de coriandre moulue
- 1 cuillère à café de cumin moulu
- 25 noix de cajou, hachées grossièrement
- 4 rognons, coupés en dés
- 500 g / 1 lb 2 oz d'agneau, coupé en morceaux de 5 cm / 2 pouces
- jus de 1 citron
- 1 cuillère à café de poivre noir moulu
- Sel au goût
- 500 ml / 16 fl oz d'eau
- 4 œufs durs, coupés en quartiers

10 g de feuilles de coriandre finement hachées

Pour le mélange d'épices :

1½ cuillère à café de pâte de gingembre

1½ cuillères à café de pâte d'ail

4-5 piments verts

4 gousses de cardamome

6 dents

1 cuillère à café de cumin noir

1½ cuillère à soupe de vinaigre de malt

Méthode

- Mélanger tous les ingrédients du mélange d'épices et broyer avec suffisamment d'eau pour former une pâte lisse. Laisser de côté.
- Faire chauffer l'huile pour la friture dans une poêle. Ajouter les pommes de terre et faire revenir à feu moyen pendant 3-4 minutes. Égoutter et réserver.
- Faire chauffer 5 cuillères à soupe d'huile dans une casserole. Ajouter les oignons et les faire revenir à feu moyen jusqu'à ce qu'ils deviennent translucides.
- Ajouter la pâte d'épices mélangées. Frire pendant 2-3 minutes en remuant fréquemment.
- Ajouter les tomates, le curcuma, la poudre de piment, la coriandre moulue et le cumin moulu. Continuer la friture pendant 2-3 minutes.

- Ajouter les noix de cajou, les rognons et l'agneau. Frire pendant 6-7 minutes.
- Ajouter le jus de citron, le poivre, le sel et l'eau. Bien mélanger. Couvrir avec un couvercle et cuire à feu doux pendant 45 minutes en remuant de temps en temps.
- Garnir avec les œufs et les feuilles de coriandre. Servir chaud.

Gosht Gulfam

(Agneau au Fromage de Chèvre)

pour 4 personnes

Ingrédients

675g / 1½lb agneau désossé

300g / 10oz fromage de chèvre, égoutté

200 g / 7 oz de khoya*

5½ oz / 150g de fruits secs mélangés, hachés finement

6 piments verts hachés finement

25 g / quelques feuilles de coriandre de 1 oz, hachées finement

2 oeufs durs

Pour la sauce:

¾ cuillère à soupe d'huile végétale raffinée

3 gros oignons, hachés finement

5 cm / 2 pouces de racine de gingembre, haché finement

10 gousses d'ail finement hachées

3 tomates, hachées finement

1 cuillère à café de piment en poudre

120 ml de bouillon d'agneau

Sel au goût

Méthode

- Tapoter l'agneau jusqu'à ce qu'il ressemble à un steak.
- Mélanger le fromage de chèvre, le khoya, les fruits secs, les piments verts et les feuilles de coriandre. Pétrir ce mélange jusqu'à obtenir une pâte lisse.
- Étalez la pâte sur l'agneau aplati et placez les œufs au centre.
- Rouler l'agneau bien serré pour que la pâte et les œufs restent à l'intérieur. Envelopper dans du papier aluminium et cuire au four à 180°C (350°F, Gas Mark 4) pendant 1 heure. Laisser de côté.
- Pour préparer la sauce, faire chauffer l'huile dans une casserole. Ajouter les oignons et les faire revenir à feu moyen jusqu'à ce qu'ils deviennent translucides.
- Ajouter le gingembre et l'ail. Frire une minute.
- Ajouter les tomates et la poudre de piment. Continuez à faire frire pendant 2 minutes en remuant fréquemment.
- Ajouter le bouillon et le sel. Bien mélanger. Cuire à feu doux pendant 10 minutes en remuant de temps en temps. Laisser de côté.
- Trancher le pain de viande cuit et placer les tranches sur une assiette de service. Versez la sauce dessus et servez chaud.

Agneau Do Pyaaza

(Agneau à l'Oignon)

pour 4 personnes

Ingrédients

120ml / 4fl oz d'huile végétale raffinée

1 cuillère à café de curcuma

3 feuilles de laurier

4 dents

5 cm / 2 pouces de cannelle

6 piments rouges séchés

4 gousses de cardamome verte

6 gros oignons, 2 hachés, 4 tranchés

3 cuillères à soupe de pâte de gingembre

3 cuillères à soupe de pâte d'ail

2 tomates, hachées finement

8 échalotes, coupées en deux

2 cuillères à café de garam masala

2 cuillères à café de coriandre moulue

4 cuillères à café de cumin moulu

1½ cuillères à café de macis râpé

½ muscade râpée

2 cuillères à café de poivre noir moulu

Sel au goût

675 g / 1½ lb d'agneau, coupé en dés

250 ml / 8 fl oz d'eau

10 g de feuilles de coriandre finement hachées

2,5 cm / 1 pouce de racine de gingembre, coupée en julienne

Méthode

- Chauffer l'huile dans une casserole. Ajouter le curcuma, les feuilles de laurier, les clous de girofle, la cannelle, les piments rouges et la cardamome. Laissez-les grésiller pendant 30 secondes.
- Ajouter les oignons hachés. Faites-les revenir à feu moyen jusqu'à ce qu'ils deviennent translucides.
- Ajouter la pâte de gingembre et la pâte d'ail. Frire une minute.
- Ajouter les tomates, les échalotes, le garam masala, la coriandre moulue, le cumin moulu, le macis, la muscade, le poivre et le sel. Continuer la friture pendant 2-3 minutes.
- Ajouter l'agneau et les oignons émincés. Bien mélanger et faire frire pendant 6-7 minutes.
- Ajouter l'eau et remuer pendant une minute. Couvrir avec un couvercle et laisser mijoter 30 minutes en remuant de temps en temps.

- Garnir de feuilles de coriandre et de gingembre. Servir chaud.

www.ingramcontent.com/pod-product-compliance
Lightning Source LLC
Chambersburg PA
CBHW071236080526
44587CB00013BA/1640